U0153398

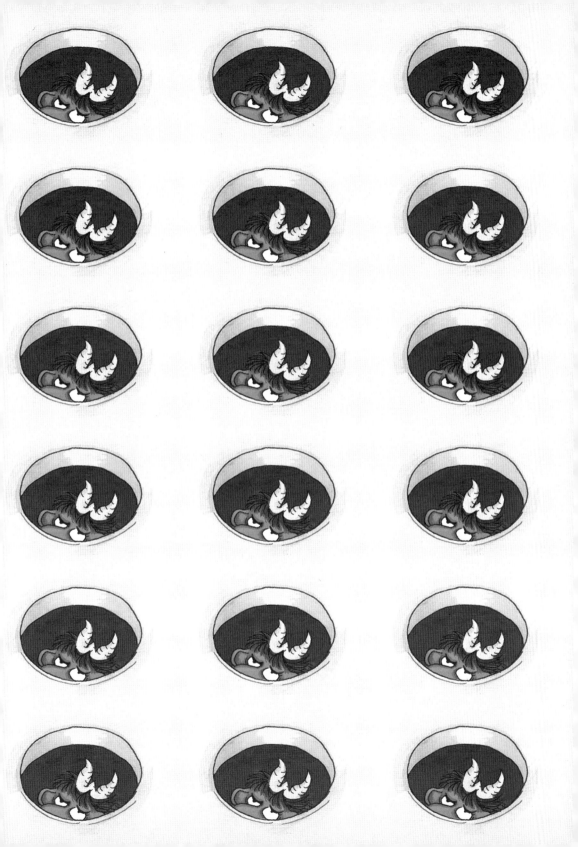

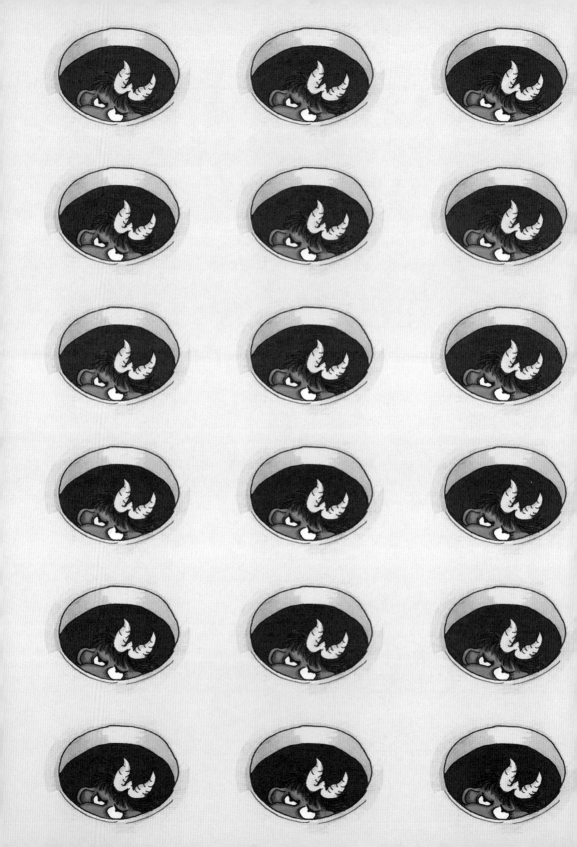

「就像施展魔法一樣，修比納博士巧妙地讓任何年齡的大小孩子都可以輕鬆學會克服焦慮！透過教導具體的工具，幫助孩子放棄不必要的安全行為，從莫名的恐懼邁向無憂無慮輕鬆自在，孩子們不用花太多時間，就可以學會聰明戰勝憂慮！任何曾經飽受擔憂之苦的孩子或其父母，都不可錯過這本可以讓人滿載而歸的自助好書。」

——宋・艾莉莎（Elisa Song），醫學博士，美國加州貝爾蒙特家庭健康中心兒科醫生

「孩子擔心的時候，會試圖想讓自己安全，還有排除不安的感覺，但結果往往只會使憂慮更加頑強。幫助焦慮的孩子理解和接受這個概念絕非易事。修比納博士的最新著作完成了這項艱難的任務。這本書揭開了擔憂的神祕面紗，透過清晰而有趣的圖文，讓大小朋友可以自習或共讀，進而明白如何適當地面對處理擔憂。」

——琳恩・萊昂斯（Lynn Lyons），臨床社工師，《親子攜手與焦慮共遊：凱西兒少指南》合著作者

AN OLDER KID'S GUIDE
TO MANAGING ANXIETY

DAWN HUEBNER, PhD

ILLUSTRATED BY KARA McHALE

目 錄

9

寫給讀者的話

緊張　不安

激動　煩惱

風聲鶴唳　忐忑

驚嚇　煩躁

心煩　意亂

不管你用什麼字眼來形容，花俏的巧妙修辭也罷，通俗的日常白話也行，我們每個人都會有各式各樣的擔憂。並不是只有拿起這本書來讀的人會擔憂，而是每一個人，你、我、他，大家都會有擔憂的時候。

有時候，擔憂是有可能發揮正面的效用，讓我們提高警覺，注意確實存在的威脅，有些狀況確實需要我們做好準備，以防不好的事情發生。

但是，有時候，擔憂就沒什麼幫助了，因為有些狀況是沒辦法控制，或是無法預測的，為這類的事情擔心煩惱，那真的就是於事無補的窮緊張。但是，就算是像這樣的擔憂，通常也不至於造成太大的麻煩，只要我們保持平常心，那些感覺通常就會自動煙消雲散，雨過天青。

不過，另外還有一類的擔憂，那就真的會礙事。這就是我們在本書所謂的「**大頭鬼的擔憂**」，這種擔憂，唉，活像嘴饞貪婪的小惡魔，有事沒事總愛出來製造麻煩。它會把簡單的事情弄得一團亂，而困難的事情，嗯，更是搞得比登天還難，甭想有可能順利解決。冷不防，小布丁點兒的煩惱就急速膨脹，成為天下無敵的超級大麻煩。

大頭鬼的擔憂，一旦鑽進你的腦袋瓜子，就會在裡頭搞鬼作亂，讓你壓根沒心情去做好玩、重要的事情，這類的擔憂就有可能嚴重干擾你的生活。

糟糕的是，**大頭鬼的擔憂**還是腦袋很靈光的傢伙，很擅長耍心機，把人騙得團團轉，五花八門的伎倆，專門設計來引誘你掉進它的魔掌。不過，就算是這類的擔憂，還是有可能預測與防患的。總之，別擔心，你絕對不會束手無策，因為對於擔憂小惡魔的每一種伎倆，我們都可以找到以智取勝的「聰明小鑰匙」。

最棒的是，不論讓你擔心的是什麼，蜜蜂、犯錯、被人嘲笑，或是怕黑，任何可能讓人害怕的事物，都可以透過這些聰明小鑰匙來克服。

這就像算數，有一套基本的運算程式。你把那些程式學會了，然後不論是哪些數字，你只需要把數字套進你學過的運算程式，問題就迎刃而解了，就是這麼簡單。

同樣的，對付擔憂，也是如此。

透過本書，你將會學到，擔憂怎麼由小變大（**大頭鬼的擔憂**），還有**大頭鬼的擔憂**要弄心機的各種伎倆。然後，你還會學到各種因應操作方式（就如同數學的基本運算程式一樣），如何聰明反擊，然後不論你遭遇的是什麼樣的擔憂，只需要把那些擔憂，套進你學過的因應操作方式，這些聰明小鑰匙就可以幫你戰勝任何形式的擔憂了。

如果你想了解更多的資訊，請翻開下一頁，閱讀〈給家長、老師、照護者的話〉。不然，就直接進入第一章，開始邁向戰勝擔憂的學習之旅。

給家長、老師、照護者的話

舉凡人生在世難免會因為擔憂而感到焦慮，這是很正常的人類感覺；有時候，還挺有幫助的，可能激勵人們設法去解決問題，採取建設性的行動。不過，像這類對於實際問題的正常程度焦慮，並不是我們這本書要談的主題。

本書目標讀者是9到13歲的孩子，他們沉陷在不切現實的恐懼深淵，不敢面對正常的挑戰，而且對於不太可能的狀況感到憂心忡忡。本書也是特別寫給很容易從小擔憂一下子就變成大擔憂的孩子，還有那些似乎沒辦法甩開可怕想法的孩子。

有時候，不切現實的擔憂，會在料想不到的情況，冒出頭來；另外有些時候，則有清楚和具體的壓力來源而引發。不論是哪一種情況，**大頭鬼的擔憂**往往帶有某種模式，某種思考的方式，還有在世間生存的樣態。它會根深柢固，變成習慣。如果沒有介入處理，擔憂就可能變成個人生活的常態。

無論擔憂的是一件事情，或是很多事情，都可能造成干擾，譬如：影響睡眠、學校或家庭生活。它會鯨吞蠶食，攻城掠地，不旋踵，就讓人失去對於自我生活的主控權。如果這類的擔憂嚴重干擾到你孩子的生活，請儘快諮詢醫生或是尋求心理健康專業人士的協助。

雖然，本書不可能取代專業心理治療，但還是可以為您

和您的孩子，介紹一系列的因應技能，包括：認知行為治療（Cognitive Behavioral Therapy，簡稱CBT）的策略，以及接納與承諾療法（Acceptance and Commitment Therapy，簡稱ACT）的技法。這些技能，如果勤加練習和應用，其效用都已經獲得證明，非常有助於有效解決焦慮問題。而且好消息是，不論你孩子擔憂的是哪些事情，舉凡成績不好、犯錯、陌生的經歷、暴風雨、吸血鬼、蜜蜂、嘔吐、死亡等等，都可以應用這些技能，並且獲得很理想的效果。

不論您的孩子擔憂的是經年累月的困擾，或是新發生的狀況，不論你是尋求治療師共同處置或是自行處理，如果您能和孩子一起閱讀本書，您的孩子將會從本書得到最大的收穫。您們可以共同討論書中的內容，協助孩子把個人面臨的擔憂狀況套進書中描述的例子，主動和他們聊聊目前困擾他們的感受，參考本書各章的指導方針，協助孩子發展和他們各種恐懼有關的自我對話和練習活動。

接下來，和您的孩子共同設法，把新學到知識轉化成實際行動。比方說，您們會學到，找尋讓人心生恐懼的證據是很重要的，然後還會學到，可以做哪些事情以便減輕該等恐懼感。不過，光是知道還是不夠的，除非您的孩子身體力行，開始認真付諸實踐，否則他們的恐懼仍將原封不動。

要有耐心，持之以恆。您是孩子最好的教練、嚮導。您們同心協力，一定可以帶來改變，從學習到實踐，從擔憂到開心，無憂無慮，自由自在！

開始很容易，只需翻開書頁，然後就開始囉。

第一章

出　發

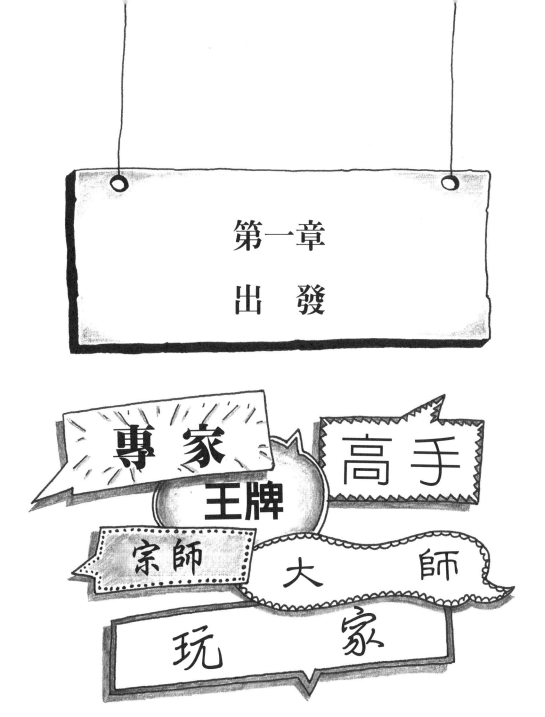

這些人都有一個共同點：擁有特殊的知識和能力。

但是，要擁有知識和能力，並不是魔法棒隨手一揮，就能變出來。

要成為專家，需要閱讀、研究、傾聽和實驗。專業知識技能需要投入非常大量的心力，絕無可能不勞而獲。你必須持續的學習和練習，知行合一，一遍又一遍，不厭其煩。

嘿！沒有人說過，只有好玩的東西才可能發展出專精的知識技能！

　　不過，話說回來，幾乎每個人都可能在某些方面擁有專精的知識技能。比方說，你可能對於滑板運動、體操或吉他，非常在行。有些孩子可能是電玩高手。另外有些孩子，可以針對恐龍的飲食習性，而加以分門別類。還有某些孩子，在灌籃、煎餅、分數加減、嘻哈街舞等方面，神乎其技的表現，讓人直呼天才神童。也許你特別擅長的是在歷史、天氣型態、球賽統計數字、時尚潮流等專精領域。

　　這些專精的知識技能，都不是天上掉下來的禮物，而是需要學習和練習。知行合一，一遍又一遍，不厭其煩。因為你讀本書，所以機會應該很大，你很有可能就是操心專家。

　　傷腦筋的是，一不小心，還滿容易就讓擔心鬼纏上身啲！你擔心不好的事情可能會發生。你試圖去阻止那些事情。你尋求別人確認或保證。但是你不可能控制，

壞事一定會或一定不會發生。於是，你就開始疑神疑鬼，別人的那些確認或保證可能是不對的。所以，你越來越擔心，程度越來越嚴重。很快地，你就沒辦法停止不**擔憂**，你一練再練，所有需要成為擔心專家的一切，不斷進化，終於變成擔心專家了。

但是，聽聽這個。請你身體向前傾，睜大眼睛，貼近書本的頁面，這樣你就不會錯過任何重點和細節，因為下面這個句子很可能會改變你的一生。你可以從擔心專家，變成管理擔心的專家。所需要知道的，你都可以學會；所需要做的，你也一定能夠做到。這是千真萬確的，而且已經有成千上萬的孩子都做到了，你當然也能夠辦得到。

你準備好了嗎？讓我們這就開始出發上路了！

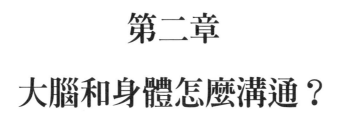

第二章
大腦和身體怎麼溝通？

古早、古早以前，沒有電腦、汽車，沒有手機、襪子，沒有人需要寫作業或剪頭髮，也沒有漢堡或腳踏車，那是洪荒未開的石器時代，地球上住了一群穴居男女。穴居人的腳比我們強韌，身材比較矮，他們不是住在房子裡，因為當時還沒有發明房屋。穴居人住在，嗯，你猜中了嗎？沒錯，洞穴裡。在洞穴的外面，潛伏著大量的危險。

有長毛虬結的猛獁象、毒蛇、蠍子、劍齒虎，還有地震、火山、暴風雪。由於穴居人沒有氣象預報

員、煙霧偵測器，也沒有警消部門或柵籠，所以他們必須非常、非常小心。任何東西都有可能滑行竄出、翻騰滾沸、隆隆爆炸，或是猛然彈出。一眨眼的工夫，任何狀況都有可能發生。穴居人如果想要活命，就必須要罩子放亮，隨時保持警覺。任何風吹草動，都不可以掉以輕心。天色昏暗，空中微風飄動的氣味，一切都可能意味著潛在的危險。

所以，穴居人的大腦隨著時間的推移而產生變化，越來越能夠注意到潛在的危險。他們的身體也有所變化，容許他們一發現有危險的跡象，就能夠馬上採取行動。這是好事。如果眼見劍齒虎猛撲過來，還要慢條斯理，逐一去斟酌衡量各種可能的因應對策，那未免就太可笑了。比較聰明的做法當然是，分秒必爭，立刻做出反應，而且動作要狠、準、快！

穴居人在腦子和身體之間發展出一套快速傳遞訊息的系統，這套系統的設計目標就是要快速反應，以提高存活的機率。

穴居人的大腦有一處微小的神經核，稱爲杏仁核（英語讀音近似「阿米哥達拉」），只要杏仁核偵測到**危險**，就會立即施放出大量的神經傳導化學物質，讓穴居人能夠當機應變付諸行動。這時候，肌肉收緊，心跳加速，大量血液從動脈衝向四肢，讓雙手有足夠力量，

揮動大樹枝，或是拔腿快速逃跑。胃部活動則會慢下來，因爲眼前最重要的是奮力戰鬥或逃跑，消化食物的工作就得暫緩了。

這一整串如瀑布湍流不息的迅速變化，就是所謂的「戰鬥或逃跑反應」（沒命的逃離現場，不假思索，排除一切的障礙，**跑跑跑**，就對了），這是穴居人能夠賴以活命的不二法寶。

這種戰鬥或逃跑反應，也是我們活命不可或缺的關鍵。

你看，我們的大腦和身體，就像穴居人老祖先一樣；雖然我們身上的毛髮不像他們那樣茂密，但仍然有著類似的設計，能夠立即辨識危險，以及保護我們。

第三章

辨識危險的學習和安全
保護傘行為

當某些可怕的事情發生，或是你聽到可怕事情可能發生時，你的杏仁核就會發出警報，啟動戰鬥或逃跑反應。你的身體會加滿油、充滿電，你的大腦會立即按下快門拍出即時影像。

不論你聽、看、聞或感覺到什麼，全都給貼上一個標籤：**大頭鬼的危險**。這樣子，當你未來再次聽、看、聞或感覺到那些類似的事物，你就會知道要害怕，還有要小心，因為那些聲音、畫面、味道、感覺等等，在過去都是和危險相互關聯的。這就叫做辨識危險的學習，而且我們的大腦真的很擅長這種學習。

請好好記住，杏仁核總是隨時守望著，就像瞭望台的衛哨，不放過任何可能傷害我們的東西。不只是身上的

疼痛，也包含尷尬、不好意思，或是任何種類的不安感覺。比方說，你一頭霧水，完全不知道歷史老師對某項大型社會科展計畫究竟有什樣的期待；或是，你第一次站在櫃台，排隊等候點食物。諸如此類的情況，你的杏仁核就可能會發出警鈴聲：注意！注意！基本上，我們不喜歡失去確定感，也不喜歡任何形式的不安感覺，所以很多事物都會被大腦標上**危險**的標籤。

辨識危險的學習發生得很快，而且緊跟著，我們就會想方設法，用盡力氣試圖保持安全。同樣的，這是完全可以理解的。無論現在或是未來，我們都希望能夠活著，所以我們會盡一切努力，去達成任何我們需要做的事，好讓自己能夠確保安全。如果我們做的任何事情，結果有效——我們安全了，我們還活著——那麼，我們就知道，未來只要再遇到那種**危險**，我們就可以做同樣事情。

遇上不好的事情，只要一次，就足以啟動這樣的學習與反應。這也是完全可以理解的。如果要等到被劍齒虎咬了三次，才決定逃跑是上策，那也未免太傻了。

所以，遇上一件壞事，甚至是認為有可能發生壞事，就會讓你開始考慮應該採取哪些預防措施。在壞事尚未發生之前，就先考慮你需要做什麼，以確保自己的安全。

打個比方，如果你兄弟喝湯，結果嘴巴給燙傷了。那麼，有很高的機率，你應該會決定，喝湯之前，最好先吹一吹，不要直接就咕嚕，咕嚕，灌進喉嚨。

再比方說，如果你覺得，開口跟你喜歡的某人（就是真的很喜歡，很喜歡那種）講話，每次總是舌頭打結，那很有可能，你未來再遇到那人，就會猶豫不決，不敢開口說話，以免那種狀況再次發生。

吹熱湯，靠近心儀的對象，害羞保持沉默，這些都是為了確保安全而做的事情，保護自己免於遭受真正的危險，或是想像的危險，這一部分，我們會在稍後加以說明。

因為這些都是行為，目的都是為了要確保你的安全，所以這些行為就稱為——擊鼓聲，咚～咚～咚～，歡迎答案揭曉——

安全保護傘行為

安全保護傘行為，就是你做的事情，或採取的特定行動，以確保你的安全，包括身體或心理的安全、現在和未來的安全。

在真正危險的情況下使用，安全保護傘行為很有幫助。可以保護你，使得不好的事情比較不會發生。

騎單車，戴上安全帽（安全保護傘行為），可以讓你比較不會受傷。刷牙和使用牙線（兩者都是安全保護傘行

爲），可以減少你蛀牙的機率。大部分的安全保護傘行爲都是健康的，而且也合情合理。

　　當我們打開安全保護傘行爲，我們也會感覺比較好。我們認眞練習寫生字，考試就會比較有自信。我們隨身攜帶手機，獨自一個人外出，會覺得比較安心。

　　所以，安全保護傘行爲有一舉兩得的好處：提高安全的機率；感覺不會那麼害怕。

　　眞的是很高明的系統，是不是呢？

　　不過，等一等，有些時候，卻也可能爆出衰到極點的狀況。

第四章

虛驚一場：
嚇唬小孩的假警報

噗嘶，
安全保護傘行為

當系統照常運行，遇到真正的危險狀況，你的杏仁核會發出警報鈴聲，告訴你有危險。戰鬥或逃跑反應就會啟動，你會做出必要的行動來保護自己現在和未來都能安全不用擔心。

　　但是，有時候，系統可能會失靈。杏仁核的警報可能會出錯，只蒐集到不完整的資訊，或是不正確的資訊，就胡亂拉起警報來。這就叫做虛驚一場的

誤報或**假警報**。這種情況也發生在穴居人身上。

　　穴居人散步閒晃，享受和煦的陽光灑在身上，或是觀賞花叢的蝴蝶翩翩起舞。冷不防，附近草叢沙沙作響，嗖的一聲，穴居人，心跳加速，肌肉緊張，隨手抓住木棍，腳底抹油，做好應戰或逃跑的準備。

　　只不過，有些時候，沙沙作響的聲音，其實就只是風吹草動，或是一隻大野兔（如果穴居人使盡力氣，亂棍連環猛打個20下，那原本美味可口的大餐，就完全報銷了）。沙沙作響的聲音，也可能是無害的蛇，或是幾天沒見的朋友。使出木棍來對付穴居人的朋友，或是無害的蛇，實在不太像話。這兩種虛驚一場的狀況，就會是平白浪費力氣，讓穴居人事後覺得自己蠢爆了。

　　因此，穴居人必須學會分辨真危險和**假警報**。要搞

清楚，草叢裡有任何動靜並不見得一定就是有猛獁象出沒，否則，就會把事情往最糟糕的方向亂想，花太多時間，揮棍狂打草叢，或是拼了命拔腿逃跑，而後頭根本沒有任何凶險的東西。

擔憂嚇唬人的把戲

　　類似的狀況，也可能發生在我們身上。所以，我們現代人也必須學會分辨真危險和**假警報**。搞不清楚狀況，誤把真危險當成假警報，或是反過來，誤把假警報當成真危險，那就會造成一大堆的問題，也會讓我們感到沒必要的害怕。

嘿，小鬼緊緊跟著我

最常見的杏仁核亂拉警報，就是**擔憂**。

讓我們來想像一下，**擔憂，大頭鬼的擔憂**，就像是你身外的某種東西，一隻小惡魔、搗蛋鬼、討人厭的害蟲。表面上，感覺像是朋友一樣，要來保護你的安全，但真正的目的其實是要嚇唬你。

擔憂，就像是惱人的同班同學，你應該知道我說的是哪一個。趁你不注意，突然撲到你身邊，跳腳尖叫：

你腿上有蜘蛛！

蜘蛛?!你的杏仁核會拉警報，發出一股能量，流竄全身。你從座位跳起身來，手掌不斷擦去腿上可能有蜘蛛爬過的地方，啐！

但是，等等，即便你進入戰鬥──逃跑模式，你的心臟砰砰砰狂跳，但是在此同時，你的大腦卻也開始意識到：我沒有看見任何蜘蛛。

一分鐘、兩分鐘過後，你同學又來了：

你腿上有蜘蛛！

杏仁核
加警報

你可能又會驚慌失措。杏仁核警鈴作響！雖然不像先前那樣激烈。這一次，你沒有離開座位，但是心跳還是砰砰砰，跳得很快，你四下張望，蜘蛛在哪裡？

　　沒有看到蜘蛛，就連影子也沒有！

　　你眼神困惑，看著你的同學。

　　然後，又來了：

> 你腿上有蜘蛛！
> 你腿上有蜘蛛！

　　這下子，真的很討厭了。

> 你腿上有蜘蛛！
> 你腿上有蜘蛛！

　　像這樣，需要反覆多少次，你的杏仁核才會停止，不再拉警報？還有你才會完全停止，不再做出反應？也許是三次，還是四次？

　　這以後，每一次，當你聽到「蜘蛛！」，你多少還是會有些恐懼，那是很正常的，你的杏仁核需要花點時間來搞清楚狀況。但是，大多數時候，你會感到困惑和厭煩，而這也是你應該有的感覺。

　　事實證明，你同學講的話真的不可靠。你很快就明白了，並且不再嚇得跳腳。最後，你還可能直接對他說：

「別鬧了」，你也可能打開書本，完全不理會他。這是正確的做法。

這就讓我們再回到**擔憂**。**擔憂**就像是這位討人厭的同學，也會發出類似的警報：

你快生病了！

你就要搞砸了！

沒有人要和你好！　　　　大家都會笑你！

很恐怖的事情要發生了！

很多時候，相同的警報鈴，一再叮鈴鈴作響。

現在，你知道了：沒有必要嚇得跳腳。

擔憂是不可靠的訊息來源。它會拉動你的杏仁核警報鈴，說一些很嚇人的事情，如果是真實的，那當然是很嚇人。但是，**擔憂**拉的是**假警報**。沒有證據支持，你的**擔憂**所說的是真實的。

擔憂嚇唬人
的把戲

聰明小鑰匙
一開沒煩惱

證據，是很重要的，你終究會領悟到這個道理。事實上，證據就是以智取勝，戰勝**擔憂**的第一道鑰匙。

36

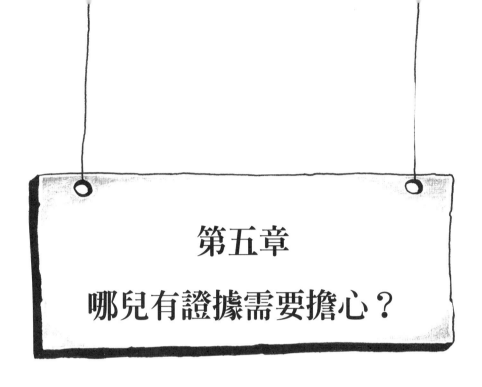

第五章
哪兒有證據需要擔心？

擔憂是個詭計多端的騙子，會說些聽起很嚇人的事情，觸動你的杏仁核警報器。聽起來很嚇人，然而只要注意一些小細節，就會揭穿背後根本沒有事實支持。

讓我們走回歷史，看看洪荒時代的老祖先，穴居人，來進一步認識證據的重要。

穴居人小劇場

　　假設，有人告訴穴居婦人，在盛產美味多汁野漿果的沼澤，有人發現有熊出沒。那時候，到處都有熊趴趴走，所以害怕是很有道理的。

為了好吃的野漿果，儘管害怕，婦人還是硬著頭皮前往沼澤，因為野漿果的吸引力實在讓她難以抗拒，而且她也知道，有些人去過沼澤，都沒遇上什麼大不了的事情。知道這些，讓她比較不那麼害怕。但是，當她越走越靠近沼澤，她腦子裡的擔憂小惡魔就決定使出嚇人的把戲，低聲細語對她說：「**熊！**」婦人的心臟開始砰砰亂跳，肌肉緊張，恐慌感覺襲捲而來，雖然她沒看見熊的蹤影，也沒聞到熊的氣味。但是，擔憂小惡魔又出招了：「**熊！**」杏仁核急拉，警報鈴聲大作，於是，她拔腿狂奔，心裡告訴自己，「我並沒有那麼想吃野漿果啦！」

　　婦人聽信了**擔憂**，離開沼澤，但是她其實沒必要這樣做。事實上，沒有足夠的證據支持確實有危險，證據就是證明。不是可能是，或如果是，而是確實就是。

　　我們現代人也可能犯這樣的錯誤。

> 我爸這麼晚還沒來，萬一發生什麼不好的事情，怎麼辦？

> 雨下得好大，萬一閃電擊中我家，怎麼辦？

杏仁核
拉警報

噗嘶，
你的「所知」

　　不是**擔憂**告訴你的事情就一定會發生。

不是**擔憂**提醒你的事情都有可能發生。不是你聽過或是現在怕得要命的事情，或是想盡辦法想要躲開的事情。知道就是你有證據可以證明那是真的。

　　只有微乎其微、一丁點兒的可能性，但是你的**擔憂小惡魔**就用力拉下了杏仁核警報器——警報，警報！小心，小心！這就鎖住你的注意力，恐懼的感覺不斷湧出，不知不覺之間，你只能竭盡所能，去避免那些讓人恐怖難安的東西。

　　也許，好像，可能，腦袋滿滿的都是各式各樣可怕的可能想法。

　　你如何可能揪出這些嚇唬人的詭計，以智克敵，戰勝**擔憂小惡魔**？

　　就跟著你的鼻子走吧！

嗯……這意思倒也不是說，真的要讓臉上的那個鼻子來帶領你。這兒的意思是說，你需要跟隨另外一種的鼻子：你的「**所知**」。

你的「**所知**」，就是你知道而且確定是真實的事情。不是**擔憂**告訴你*可能*有發生的事情。不是**擔憂***提醒*你可能會發生的事情。不是你曾經聽過，而現在恐懼害怕或拼命想要避掉的事情。你的「**所知**」就是你能證明的事情。證據告訴你肯定是真實的事情。

當大頭鬼的擔憂仰起醜不拉幾的頭（並且拉響你的杏仁核警報器），你就該問問你自己：「*就我所知，可怕的事情就要發生了嗎？*」你會發現，這答案幾乎總是：「*我不知道，至少，不是百分之百確定。*」那是因為**擔憂**不是關於知道，而是念頭和感覺，讓人以為或覺得，真的有不好的事情要發生了，但其實是有著一大堆相反的證據。

當你發現自己在擔心某些事情，你第一個要問的就是：「*證據在哪裡？*」

擔憂：那隻狗就要咬你了。

小孩：證據在哪裡？

擔憂：你快要生病了。

小孩：證據在哪裡？

擔憂：你快搞砸了。

小孩：證據在哪裡？

現在，你應該已經抓住這當中的絕竅了。

下一步，就是去找尋證據。

擔憂：那隻狗就要咬你了。

小孩：這狗只是站在那裡，附近也有其他人來
　　　回走過，牠都沒有狂叫、低吠，也沒
　　　有張牙咧齒。任何人都可以看見，牠
　　　一直搖擺尾巴，那是代表心情還不錯
　　　的意思。沒有證據顯示，牠要咬我，或
　　　是要咬任何人。

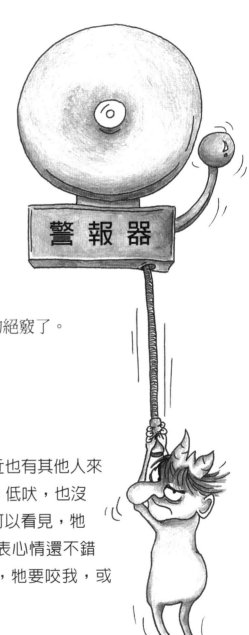

你的**擔憂**就是要你去想，*所有狗都很危險！*還有，被狗咬的風險超級高。但是，這並不是證據所顯示的。很多時候，人們都會遇上狗。被咬的風險其實微乎其微（真的、真的很小）。而且特別是眼前這一隻狗，完全沒有顯現出任何危險的跡象。

做得很棒！你跟隨你的鼻子，嗯，你的**所知**，這就順利踏上了以智克敵、戰勝**擔憂**的成功之路了。

不過，稍等一下。那是什麼？

擔憂又發出小小的聲音：「*是沒錯啦，現在，那隻狗只是站在那兒，但是，牠有可能會看到你，**就衝過來咬你。***」

別上當了。

那是**擔憂**嚇唬人的把戲，就像前面例子說的「*你腿上有蜘蛛！*」一樣，聽起來很嚇人，但是沒有證據顯示那是真的。所以，請記得保持專注，跟隨你的**「所知」**，讓我們繼續讀下去。

第六章

錯誤的思考：
胡思亂想一籮筐

擔憂會使出渾身解數，讓你感到害怕，並且經常詭計得逞，因為當它發出警報時，那感覺就好像你真的有危險。

請記住，危險的感覺來自你的杏仁核，還有就算只是誤報或假警報，也照樣會觸發戰鬥或逃跑的反應。

而且即使是誤報或假警報，危險的感覺照樣會盤旋腦海，想甩也甩不掉。那是因為，需要時間，通常15到20分鐘，戰鬥或逃跑的反應才有可能緩和或解除。慘的是，在這段期間，**擔憂**會猛催油門，使盡全力把你掐得緊緊的，想逃也逃不掉。

戰鬥或逃跑的反應會讓人很難有效思考。血液從大腦

衝向你的手腳，讓你準備好戰
鬥或逃跑。你滿腦子只想著要
保持安全，當然也就不會有空
去找尋證據。

擔憂就會利用這一點，它
會對你咬耳朵，不斷灌輸更多
可怕的想法，讓起初的警報鈴聲持續放大。

幸運的是，擔憂不是很有創造力。它是透過讓你陷
入胡思亂想，同樣的錯誤，一而再，再而三，不斷重複

出現，如此而達到嚇唬你的目的。

　　胡思亂想就是**擔憂**擅長玩弄的一種把戲，專門設計來讓你一直感到害怕。

　　你可以透過學習，來逮住**擔憂**玩弄的把戲，尤其是一旦你知道它最常使用的**胡思亂想**，你對於拆穿**擔憂**的把戲就會更加得心應手。

　　這兒，先介紹三種胡思亂想：

胡思亂想1號：誇大可能性

你害怕的事情，一定，絕對，毫無疑問，會發生。

胡思亂想2號：災難性的思考

這將會是你所可能想像最糟糕的事情。超級恐怖、徹頭徹尾的大災難。

胡思亂想3號：你不可能對付得了

這比你曾經應付過的任何
狀況，都還要糟糕很多，
你就別再妄想還會有任何
轉圜的餘地。

當然，戰勝**胡思亂想**的聰明小鑰匙就是要認清思考當中的漏洞，並且予以更正。如果你針對這些胡思亂想，再多讀一些下面的說明，你應該更有能力達成這樣的目標。

胡思亂想1號：誇大可能性

你害怕的事情，**就要發生了**。如果，單純只是因為某事情**可能會**發生，那並不代表一**定會**發生。別一直窮操心，先停下來，問問自己：「那有證據嗎？證據在哪裡？」注意去找尋確實有事實根據的例子，如果想不到有事實的例子，那就考慮可能性最高的。

被雷電打到？可能性真的非常小。你怎麼知道？好啦，天空烏雲密布快下雨的時候，你家裡的其他人會衝出去，往水塘裡跳下去嗎？下雨的天氣，你自己或你認識的任何人在戶外，好幾百遍當中，有誰真的被雷電打過？下雨的時候，你多半有看到打雷閃電，還是沒有呢？

當然，是有可能會遇上打雷閃電，但是被雷打到，那真的是非常、非常罕見。這類的胡思亂想就是，一直想著不好的事情就要發生了。那正是**擔憂**釣你上鉤的伎倆。

胡思亂想2號：災難性的思考

這將會是你所能想像最糟糕的事情。擔憂會把芝麻大小事，誇大成為無敵恐怖的大災難。

比方說，你放學等爸爸來接你，可是時間一分一秒地過去，他一直沒出現，嗯，是有點討人厭，但其實也沒什麼大不了。然而，**擔憂**就想要讓你感覺好像天要塌下來了。它開始讓你胡思亂想，而不是設想一般可能晚來的正常理由。你的**擔憂**可能會驚慌尖叫，胡言亂語：「他出事了！掉進大水溝！……」

停下來，好好想想，是不是有其他更有可能發生的狀況，所以爸爸才遲遲還沒出現？可能今天路上塞車比較嚴重，或是臨時接到電話，也有可能是半路順道去買晚餐要烤披薩的材料？

所以，是啦，小事故有時候的確可能會發生，譬如：你爸有時候可能會晚到，但是天塌下來的大災難真的很少見。

胡思亂想3號：你不可能對付得了

這比你曾經應付過的任何狀況，都還要糟糕很多，你就別妄想會有任何轉圜餘地。**擔憂**很狡猾，它會讓你心慌意亂，忘了自己其實是有能力的人，當然有辦法來解決問題，也處理過不少棘手的狀況。你的**擔憂**會想要你胡思亂想，只想著你爸遇上了大災難，所以才遲遲沒來接你。但是，他很有可能只是因為稀鬆平常的緣故而晚到了，並且很快他就會出現了。在這段時間，你可以找同學聊聊天，把書本拿出來看，或是聽音樂。還有許多其他方式，可以讓你在等爸爸出現之前，好好消磨時間。

而且，就算有什麼不好的事情發生了──這真的不太可能就是──你還是可以想辦法來因應，你可以找人求救，或是其他的解決方式。只不過，你的**擔憂**不想要你知道這些，但那都是千真萬確的。

　　那麼，你可以怎麼做呢？這兒，建議兩個步驟，提供你參考：

　　第一個步驟：首先，你*找出*胡思亂想。

　　第二個步驟：然後，你*糾正它*。

　　底下的例子，可以讓你見識一下，如何進行這兩個步驟：

擔憂：你肚子不舒服。你快要生病了。

孩子：那是**胡思亂想1號：誇大可能性**。我肚子還滿常有這樣的感覺，但很少嚴重到上吐下瀉，通常，我一忙，肚子不舒服的感覺就消失了。

擔憂：千萬不要舉手，萬一你答錯了，怎麼辦?!老師會生氣，大家都會笑你。

孩子：這是**胡思亂想1：誇大可能性**，和**胡思亂想2號：災難式思考**。我知道答案，而且就算我答錯了，老師也會幫我找出正確的答案。我知道，班上有人舉

手回答，答錯了，其他同學也沒笑，他們也不會笑我。

擔憂：公車上，沒有人願意坐你旁邊，只有你一個人落單，大家都會盯著你看，那會很可怕！

孩子：算你厲害，擔憂小惡魔，但我沒那麼容易上當啦，**胡思亂想3號**。沒錯，有時候，剛剛搭上公車會有點小尷尬的感覺。不過，我認識不少人，通常可以找到同坐的伴。而且就算沒有人，也沒關係，我可以自己看書，或是聽音樂。

　　持續多做練習，實際做過幾遍，很容易就可以看穿，各種胡思亂想，那是壞心眼的**擔憂**小惡魔，用來嚇唬小孩子的詭計。包括：誇大可能性，過分擔心不太可能發生的狀況。膨風的恐懼，搞得好像天就要塌下來的大災難。讓人以為毫無能力，完全無計可施。

　　但是，你並不是毫無能力，當然也不會完全無計可施。你聰明得很，有足夠能力來解決問題，也能夠應付許多狀況。操心鬼想耍伎倆，可沒那麼容易就把你嚇唬。你能夠以智取勝，可以看穿**胡思亂想**，設法糾正。練習、實踐的次數越多，就會越來越得心應手。

　　最後，請記住：

別軟就心耳根，信鬼。子易操輕了

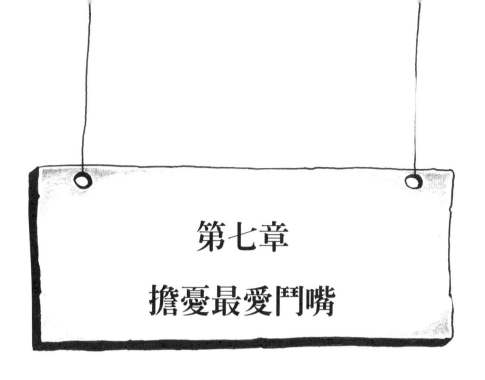

第七章

擔憂最愛鬥嘴

要以智取勝,克服**擔憂**小惡魔,你必須拆穿它用來誘騙人的伎倆,例如:先前我們介紹過的拉動你大腦杏仁核的**假警報**,或是在你腦海埋下**胡思亂想**的種子。面對這些**擔憂**的伎倆,可以試著集中注意去辨識,當下正在發生的實際情況,還有設法和你的**擔憂**進行對話。

　　和**擔憂**對話是個很棒的對應策略,但是你也需要小心。**擔憂**小惡魔最喜歡找人抬槓,你應該有聽聞過,或是親身經歷過,就是那種你來我往,沒完沒了的爭辯,而且最後的贏家通常就是**擔憂**。

擔憂很頑強、難纏，不會輕易就罷手。你也可能不會輕易認輸，這通常是好事。但是和**擔憂**小惡魔，互不認輸，沒完沒了一直爭辯下去，那可沒什麼好處。首先，那可能是浪費時間。你和**擔憂**小惡魔一直相爭不下，卻找不出可以解決問題的滿意答案。

其次，**擔憂**小惡魔口袋裡頭還握有一張很強的王牌。很簡單的一個問題，就可能讓你冷不防，掉進圈套，啞口無言：

擔憂嚇唬人的把戲

你確定嗎？

嗯，啊──

因為一旦**擔憂**拋出這個問題，你心裡有數，能給的答案通常就是：「嗯，啊──我也不確定。」是的，你不確定。不論你在擔心什麼，你都不可能確定，那一定會發生，或一定不會發生。這樣一來，由於你不能確定，所以似乎**擔憂**小惡魔就一定是對的。就這樣，這場辯論，你贏的機會就很渺茫了。

噓，擔憂小惡魔也沒法確定。

別試了玩不出花樣的

擔憂小惡魔就這樣占上風。

或是試圖這樣來獲得勝利。

或是一直這樣把你擊倒打敗。

不過，先別洩氣，這種局勢不是無法逆轉的，因為你手中也有法寶，可以戰勝**擔憂**小惡魔。你可以回應，而無需涉入爭辯，也不會再掉進**擔憂**小惡魔的圈套：「你確定嗎？」

請記住，沒有人擁有可以先算命的水晶球，你沒有，爸爸媽媽沒有，老師、治療師、朋友也統統都沒有。

這意思就是說，沒有人能夠確定未來會怎樣。生活充滿未知數，時時刻刻都是如此，所有人都一樣，你也不例外。

人生就是這樣，通常也不會有什麼大問題。

你走進房間，不會確定腳趾是不是會撞到什麼東西。但是，你還是走了進去，不會像個膽小鬼，不敢靠近所有的傢俱。

你不能確定，車門會不會夾到你的手，午餐吃東西會不會大聲打嗝，或是會不會從床上跌下來。但是，你還是照常用力關上車門，大口吃鮪魚三明治，爬上床睡覺。時時刻刻，你都在碰運氣，而且所有人都一樣。

所以，當**擔憂**小惡魔問你：「你確定嗎？」別傻呼呼就掉進那個圈套，認為你必須要確定。反之，你應該立即

告訴自己，那是愚蠢的問題，**擔憂**小惡魔騙人的把戲。你當然不可能確定，最重要的是，沒有人可能確定。

這時候，你要以智取勝，對**擔憂**小惡魔說：「沒啊，我是不確定，但那沒關係。」

是的，因為那真的沒關係。

再強調一遍，那的確沒關係，不確定是每個人日常生活的一部分。

現在，讓我們舉個例子，來看看這進行的過程與應該注意的細節，包括：爭辯的部分，以及如何來應付**擔憂**小惡魔設下的圈套「你確定嗎？」。

假設**擔憂**小惡魔正在糾纏你，說你就要生病了，它在你腦子埋下胡思亂想的種子，一直想著「我可能生病了」、「我**快要**生病了」，而且狀況會很糟糕。

感覺好像**擔憂**是對的，那就真的會很慘，生病真的很不舒服，而且如果正好在學校，那就挺尷尬的，也很可怕。

但是，請記住你先前在本書讀過的內容，然後試著和你的**擔憂**來場對話。

擔憂：萬一你生病，那可怎麼辦是好？

孩子：我不會生病的！

擔憂：你怎麼知道不會？

孩子：我沒發燒。

擔憂：但是你肚子痛痛。

孩子：那是因為你在煩我！

擔憂：是嗎？可是有一次，你肚子也有這樣的感覺，結果
　　　你就生病了。

孩子：沒事，我這次不會生病。

　　然後，**擔憂**小惡魔窮追不捨，使出殺手鐧的那個問句。

擔憂：你確定嗎？

　　一開始，會很難承認：「我不確定。」這樣一來，既然你不確定，那好像**擔憂**小惡魔就是對的。也就是說，如果你不確定，那不好的事情就會發生。

　　仍然處於爭辯的模式，你可能會大聲爭辯：「那就是不會發生啦！」

　　或是讓你爸媽出來說：「你不會生病！」

　　可是，這些都沒有用。

　　因為這類的保證，絕對的保證，從來就沒能發揮真正的效用。不管是你自己說，還是你找其他人說，全都沒有用。

　　絕對的保證沒有用，因為你知道，那不是真的。你不可能知道未來會怎樣，沒有人能。你不可能保證你不會生病（同樣地，憂慮小惡魔也不可能保證你會生病）。所以，爭辯就這樣僵持不下。

但是，這僵局並不是絕對無法打破的。當**擔憂**小惡魔爭辯說：「你以前也曾經肚子痛，然後就生病了！現在，你肚子痛，所以你又生病了。」

　　然後，克制自己，不要硬碰硬回問：「你確定嗎？」

　　反之，試看看下面的問法：

孩子：擔憂小惡魔，你和我沒有誰比較厲害或比較差勁，我們都不知道會發生什麼事。但是我知道，我經常感覺肚子不舒服，而且通常都是因為你的關係。

　　或是，試看看另一種問法：

孩子：呦，擔憂小惡魔，省省你的力氣，別再玩小聰明的把戲了，沒有人確定知道未來一定會怎樣。

　　只需要一句堅定的聲明，不用爭辯到我贏你輸，也不需要宣稱你不可能確定知道的事情。就一句話，對話就畫上句點，完全不管**擔憂**小惡魔接下去還會說什麼。

試著使用諸如下列的字眼：「通常」、「可能」，或是「就我所知……」這些字眼背後傳達的是誠實的態度，可以幫助你習慣和接受，你事實上不可能確定知道那些事情，而且這也是很OK的。

　　以下，再提供若干簡單的講法，可以一講就戰勝**擔憂**，讓它無計可施：

哦，擔憂小惡魔，你就省省力氣吧！

我不打算跟你爭吵這個了。

我沒有預知未來的水晶球，擔憂小惡魔，但你也沒有。

我沒有必要聽你的。

到頭來通常都沒事。

該發生的，不管是什麼，就讓它發生吧！

不確定，也沒關係。

你可以預先想好你的回覆講法，參考上述的例子，或是自己發揮創意，這樣，當憂慮小惡魔現身的時候，你就已經做好準備，可以有效回擊。因為它應該會出現，這是可以預期會發生的。

如果嘗試新的事物，會讓你感覺焦慮不安，每一次有新活動的時候，憂慮小惡魔就會現身來糾纏你。

如果你對於自己穿著是否得體，總是讓你感到緊張，那**擔憂**就會你在上學前現身，糾纏著你，讓你不知道該怎麼穿著才好。

諸如此類的情況，可以說毫無意外，**擔憂**都會找上門來。

找出你的**擔憂**小惡魔出現的模式，然後接受並預期它的降臨。

當你面對**擔憂**小惡魔，不要嚇得魂不守舍，跟它打招呼，就像老朋友（雖然是討厭的老朋友）：「嗨，擔憂小惡魔，我剛才還在想，你到底什麼時候才會出現？」

如果，帶點嘲諷的幽默語氣更適合你的作風，你或許可以試試類似下面的說法：「天啊，老兄，你就不能多一點點的創意嗎？」

如果，你喜歡有話直說：「儘管放馬過來吧！擔憂小惡魔，我不會再被你的詭計唬弄了。」

總之，當先前好幾百次讓你感到驚恐的狀況再次出現，驚恐的感覺同樣席捲而來，你就可以開始對自己

說：「那只是擔憂小惡魔想要唬弄我。」

　　不用和它爭辯，也不需要確定。

　　這些都是**擔憂**小惡魔的老把戲，你再也不會受騙上當了。

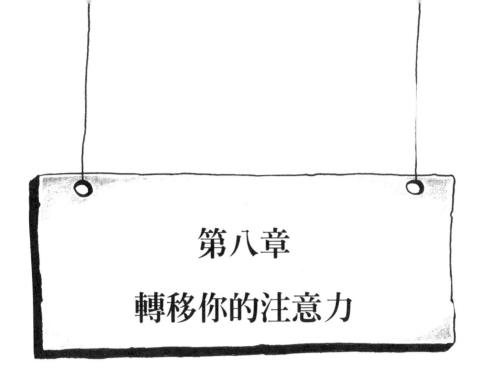

第八章
轉移你的注意力

所以，你學會告訴**擔憂**：「滾開，別來煩我」，還有避開爭辯。但是，**擔憂**還是糾纏不清，嘰哩呱啦，廢話說個不停：**「好可怕，嚇死人喔……」**

你是不是應該乾脆就不理它？*你，有可能，不理它嗎？*

也許有可能。但是不容易。**擔憂**還是一直碎碎念，實在沒有辦法不聽到。

就好像，晚上，你躺在床上，鄰居的狗一直狂吠，超級大聲，你根本不可能不理會，當作耳邊風。

那聲音好吵，躲也躲不掉，簡直讓人快要抓狂。

還有那狗吠聲，眞的叫得很淒厲，也許出了什麼狀況。

杏仁核拉警報！

幸運的是，你已經有讀過本書。你聽從你的所知，然後你記得，狗吠可能有許多原因。大部分的夜裡，鄰居的狗也都會吠叫。大白天，也一樣。聽見火車、警笛聲，牠會叫。看見松鼠，甚至樹葉落下，牠也會叫。那隻狗可能只是沒事就愛亂叫，沒有什麼特別意思。

所以，那狗吠聲可能不代表任何意思，但是你還是可以聽見。眞得很煩，很難當作耳邊風。

嘷！嘷！嘷！

吵得你沒辦法做任何事情，連想睡覺都很難。

你是不是應該跳下床，對著那狗破口大罵？

不，那會讓事情變得更糟。那狗聽到有吼叫聲，只會更抓狂，叫得更厲害。

你是不是應該躺在床上，一直想著，好慘，隔壁住了一隻瘋狗，好慘，好慘……？

嗯，你當然可以這樣做。不過，那實在沒什麼好處，只會讓你感覺自己好可憐，簡直瘋了。你還是沒辦法好好睡覺。

你還能有什麼其他的選擇？你應該怎麼辦？

這兒，提供幾項選擇做法，你可以試看看：

承認當下發生的事情。

觀察它。

接受它。

就這樣，不要抱怨。不要大吼大叫。不要想要制止它。就只是承認它，觀察它，順其自然。

當你承認煩惱的狀況，並且抱持順其自然的態度，既來之則安之，接下來，神奇的事情就發生了。惱人的狀況開始消退，你耳朵裡還是有那些聲音——嘷！嘷！嘷！但不知何故，不再那麼完全無法忍受了，它似乎移開，退到你注意力的角落邊上，而不是牢牢霸占在中心位置。現在，你比較容易專心念書，或在腦子裡玩遊戲，或放鬆入睡。

嗯，好吧！對付狗吠，這招可能有效。但是，用來對付**擔憂**，會有用嗎？你不可能只是承認、觀察和接受你的**擔憂**，就能夠既來之則安之?!

你當然可以。

你越是想要反抗某個想法或感覺，它就會纏得更緊，不肯放過你。霸占中心位置，牢牢鎖定，寸步不移。但是，如果你退一步，然後只是，嗯，觀察它，那它就會變得比較沒那麼強大，比較不像是你**需要採取什麼**行動來對付它。

下一次，你感到**擔憂**的時候，試著承認你的念頭和感覺。

承認當下發生的事情。

觀察它。

接受它。

承認當下發生的情況。

觀察它。

接受它。

　　觀察它，搬出你的好奇心、用開放的態度來觀察它。

　　記住你所知道的事情，在此同時，要記得，還不要試著想做什麼來把那些感覺趕走開。

　　接受你的感覺。你可以做到這點。就是讓感覺順其自然。沒必要去推它、反抗它，或是逃避它。

　　觀察它，對它保持好奇。記住關於它的真實面向。然後，就這樣隨它去，而你只需要等候感覺自己結束。

第九章

學會和擔憂相處，
看它玩什麼把戲

現在，你又學會了另一種戰勝**擔憂**的聰明法寶：承認、觀察和接受你擔憂的念頭和感覺，而不是費盡心思，想要讓它消失。

這就是**正念**。

正念，是思考和存在於世界的一種特殊方式。正念的活動可以幫助你專注於當下，此時此刻，不去判斷或急著要下結論。正念幫助你感覺平靜，終於能夠讓你可以比較容易轉移注意力，不要一直在意煩惱的事情，包括**擔憂**。

正念幫助你練習、實踐這種思維方式：承認、觀察和接受（而不是判斷、妄下結論，或是急著做反應，這是我們大多數人常用的方式）。正念活動是需要練習的，如果可能，每一天都要練習。透過練習，教導你的大腦平順地從那些煩躁的**擔憂**，轉向平靜、接受的模式。

　　一開始，練習的最佳時機就是你沒有**擔憂**的時候，這樣練習效果會比較理想。然後，當你越來越習慣正念的思維與存在方式，你就可以在**擔憂**出現的時候開始使用這些技巧。

　　有許多活動可以用來幫助你學習正念的思維方式，你可以在網路或書本找到各式各樣的建議做法。

　　在這兒，提供兩則練習，可以幫助你入門：

追隨你的感官……

→ 坐下來，腰、背打直，手臂放輕鬆，讓自己感覺舒服自在的姿勢。

→ 緩慢呼吸，鼻子吸進來，嘴巴呼出去。如此重複三次。

→ 閉上眼睛。

→ 挑選你的一樣感官，比方說，聽覺。

→ 專注於你聽見的第一個聲音。可能是你所在的任何房間，暖氣機或冷氣機的風扇轉動的聲音。注意那個聲音。確實用心聽。讓你聽到的所有其他聲音淡入背

景，在此同時，保持風扇的聲音在你的意識正前方。

→ 如果腦裡有雜念冒出來，注意發生了什麼，輕聲說：「雜念」或「漫遊」，然後讓雜念離開，重新專注在風扇的聲音。

→ 保持意識專注在風扇的聲音，維持幾分鐘，告訴你自己，需要的時候，可以「漫遊」，然後把你的注意焦點擴大，保持眼睛閉上，然後再專心聽，除了風扇的聲音，你另外還聽見了什麼？

→ 挑選另一種聲音，放大它，放進你的注意焦點。

→ 把注意焦點放在這個新的聲音，比方說，可能是外頭車子來往的聲音。專心注意這個新的聲音。

→ 如果你意識裡出現其他噪音，包括你前面聚焦的第一個聲音，簡單記下那是什麼聲音，例如：「風扇」，然後把注意力轉回來，專注在車子來往的聲音。

→ 幾分鐘之後，深呼吸，張開眼睛。

隨著氣泡飄走……

↪ 舒適坐著，腰、背打直，手臂放輕鬆。

↪ 緩慢呼吸，鼻子吸進，嘴巴呼出，重複三次。在此同時，眼睛閉著。

↪ 想著一種**擔憂**，或其他困惱你的感覺。

↪ 想像，一顆泡泡，團團包住你的**擔憂**。

↪ 在你的心裡，想像這顆泡泡的畫面，清澈透明，上面反映著淡淡的顏色，像一顆巨大的肥皂泡泡，你的**擔憂**在泡泡裡面，團團被包住。

↪ 在你腦海裡，看著這顆泡泡，裡面帶著你的**擔憂**，一起飄浮離去。飛到天空，很遠，很遠，越來越小、越小。

↪ 眼睛閉好，同時想像泡泡隨著微風飄浮，越飛越高，越飄越遠，小小一丁點兒，小到你幾乎看不見。

↪ 輕聲跟泡泡說再見，讓它繼續飄浮遠去。

↪ 呼吸兩次，等心情準備好，再把眼睛睜開。

　　進入**正念**的狀態，可以幫助你比較不會採取反應的模式，來對付不安的念頭或感覺，包括**擔憂**[杏仁核拉警報]觸發的念頭和感覺。正念可以幫助你記住，念頭和感覺有來有去，沒有必要一遇到就想著要去爭辯、對抗或逃避[這些就是所謂的反應模式]。

　　正念可以幫助你，聰明戰

勝**擔憂**，方法很簡單，就是試著花點時間和它相處，看它能玩出什麼把戲。

正眼瞧瞧**擔憂**，蠻有意思的小惡魔，它跳上跳下，製造各種奇奇怪怪的噪音。

嗯哼，同樣的老把戲，就這樣而已。**擔憂**是可以預測的。說穿了，也沒什麼新鮮的。

沒必要繼續逗留和它賴在一起，也用不著緊張兮兮盯著它看，它真的變不出什麼新花招的。世界很精彩，還有很多更有意思的事情等著我們去探索。

第十章
擔憂裝神弄鬼的最大詭計

現在，你已經讀完這本書超過一半的進度了。你學到關於擔憂的許多事情，也學到如何以智取勝來克服擔憂。讓我們先停下腳步，快速複習一下：

★ 你知道，你的大腦和身體之間有一個快速傳遞訊息的機關，那是特別設計來保護你的安全。

★ 你知道，你的大腦有一個杏仁核警報器，遇到可能的危險狀況，就會拉警報，提醒你採取戰鬥或逃跑的反應。

★ 你知道，有時候，杏仁核可能會亂拉警報，這種錯誤的警報鈴聲大響，通常就是擔憂小惡魔故意亂拉來嚇唬你的。

★ 你知道，每回聽到警報鈴聲響時，你需要做的是去找尋證據，而不是嚇得急跳腳。

★ 你知道，如何辨識和糾正**胡思亂想**的錯誤思維。你也知道，如何好好和**擔憂**對話，而不是掉進**擔憂**的陷阱，和它爭辯個沒完沒了。

★ 你知道，你不可能確定事情結果會如何發展，但是不確定其實是人之常情，不是什麼大不了的問題。

★ 你知道，**擔憂**會在可預期的情況出現，然後在它出現時，你可以跟它打招呼，告訴它可以去別處玩玩了。

★ 你知道，你可以把自己的注意力拉回來，不用去聽**擔憂**喋喋不休。特別是如果你練習了**正念**，那就更能得心應手了。

很棒！你已經穩穩踏上戰勝**擔憂**的成功之路，**擔憂**小惡魔就快成為過去式了。不過，還沒有完全走到最後目標。

還有一件事你需要去做，很重要的大事。

你需要停止服從你的**擔憂**。

要達到不服從**擔憂**的關鍵就是，確認並且放下，和**擔憂**綁在一起的安全行為保護傘

安全行為保護傘

還記得「安全行為保護傘」嗎？前面第三章，我們已經有學過，「安全行為保護傘」是來自「辨識危險的學習」。那是為了要確保安全和讓自己感覺比較好，而去做

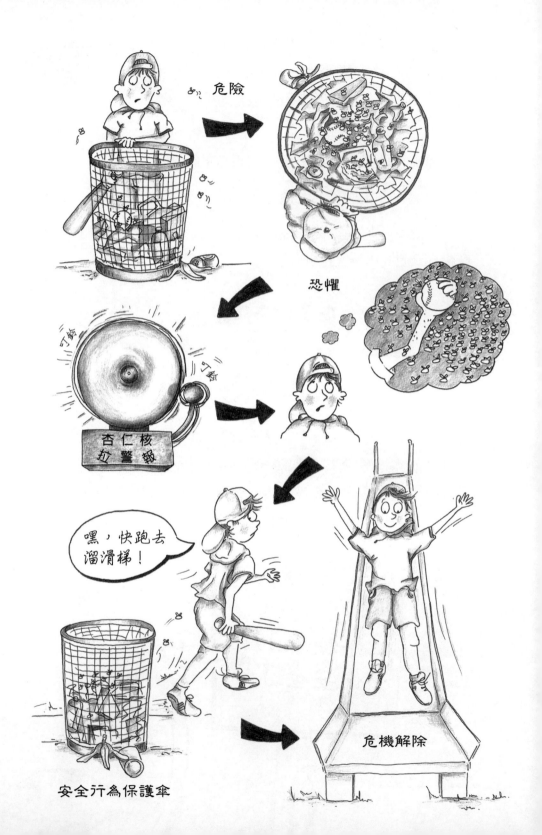

（或避免去做）的額外行動。你知道的，就以防萬一。

底下，簡單說明安全行為保護傘的運作原理：

危險⇨杏仁核拉警報⇨恐懼

⇨安全行為保護傘⇨危機解除

但是，也有可能是這樣：

感覺有危險，但是沒有實際證據（簡稱

假警報或誤報）⇨杏仁核拉警報⇨恐懼

⇨安全行為保護傘⇨危機解除

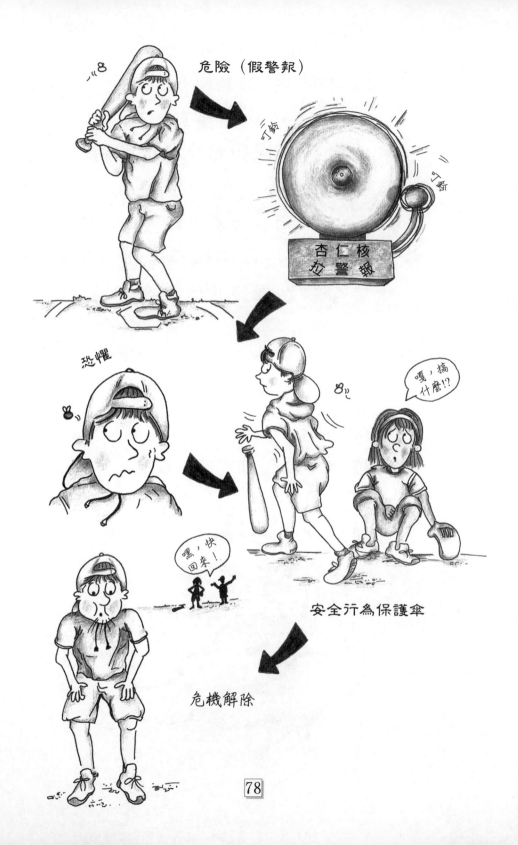

危險（假警報）

恐懼

安全行為保護傘

危機解除

事實上，你從頭到尾都沒有處於危險之中，所以你的恐懼根本是沒有根據的，你的安全行為保護傘也是沒必要的。

而這些，親愛的讀者，就是**擔憂**小惡魔最大的詭計。

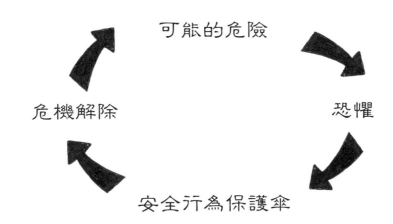

這摹仿真正危險狀況的模式，讓你深信不疑，認定安全行為保護傘是必須的。它讓你認為你必須去做那些行為，那樣才能夠確保安全，感覺比較安心。

於是，擔憂小惡魔就讓你陷入幾乎沒有出口的惡性循環：

只要你訴諸安全行為，你就會覺得比較安心。但是，只要你一直仰賴安全行為，你就沒辦法看出可能的危險並不等於真正的危險。因此，你的恐懼就是一種假警報，而你的安全行為則是沒必要的。其實，就算沒有安全行為，你也不會有事。

很高明的圈套，近乎完美的設計，讓你牢牢陷入**擔憂**小惡魔的魔掌。

只不過……

你還是有一把聰明小鑰匙，可以讓你掙脫，重拾自由。

擔憂嚇唬人的把戲

第十一章

掙脫擔憂的天羅地網

當你在想你可能有危險，你就會採取行動來確保安全。

「安全行為」，如果跟真實危險連結，那就是合情合理的。但是，如果是和假警報綁在一起，就會引發一大堆問題，你就有大麻煩了。

這些不必要的安全行為，會耗費你許多時間，還有精力。它們還會擴張成長，而且很容易失控。

底下的例子，讓我們來看看，一旦**擔憂**小惡魔在裡頭搞鬼作怪，安全行為如何可能擴張成長，甚至讓人失去控制。

噗嘶，安全保護傘行為

假設你正在吃炸雞，吃著津津有味，突然就卡在喉嚨，有那麼一瞬間，你感覺好像要窒息了。你的杏仁核發出警報聲，各種嚇死人的驚悚情節襲捲腦海，**危險，好危險，大危險**，不斷從眼前飛閃而過。

下一次，你坐下來吃東西，警報器會叮鈴作響，危險，危險，督促你細嚼慢嚥。如果你只是在接下來一、兩餐，採取這樣的安全行為，然後就回復到以往正常的吃東西方式，那就不至於構成什麼大問題。

胡思亂想
2號：
災難式的
思維
天要塌下來了

但是，但是喔，如果**擔憂**小惡魔進來攪和搞怪，你就得小心了。僅只是一、兩次，吃東西的時候，小心翼翼，這可不會讓擔憂小惡魔心滿意足。它會一再對你反覆低語：「你會噎到，你會窒息……」它會一直告訴你，一定要採取更激烈的安全保護傘行為。而且你知道的，要永遠一直使

用那些行為。

擔憂小惡魔會寸寸進逼，每一次你進食的時候，都把你推向戰鬥或逃跑的模式。然後，因為你總是提心吊膽（你的肌肉緊張，呼吸又急又短），吞嚥會感覺怪怪的，就像你真的有危險一樣。**擔憂**會不斷提醒你：「不要吃這個，不要吃那個」，搞得你緊張兮兮，最後只敢吃義大利麵，配蘋果汁。超級細嚼慢嚥，每一口都小心翼翼，完全沒辦法放輕鬆，好好吃一頓。

這就是**擔憂**小惡魔施展詭計的過程，一開始，似乎有點道理，引誘你自投羅網，一旦陷進去，就急速加溫發展，到後來就演變成無可理喻的失控地步。

聽**擔憂**的催眠術，這當中其實是有些明顯的破綻。

首先，在實際的方面：

1. 這樣吃東西，真的是索然無味，很沒意思。

2. 每一口都要細嚼慢嚥，你得花多少時間才吃得完一頓飯？

3. 總有一天，你看到義大利麵、蘋果汁，就噁心，連一口也不想吃了。

4. 你爸媽不會允許你這樣吃法。

5. 你朋友會納悶：「到底是哪根筋不對勁了？」

但是，還有其他更大的麻煩：你陷入**擔憂**設下的惡性循環。做沒必要的安全保護傘行爲。讓**擔憂**成爲老大，設定規則。

　　你需要掙脫這樣的惡性循環，重新恢復自由。方法不難，一步一步來。首先，開始吃雞肉。正常大小的一口咬下去。正常份量的咀嚼。然後自然而然吞嚥。

你需要反抗擔憂。

　　拒絕遵守他立下的規則。

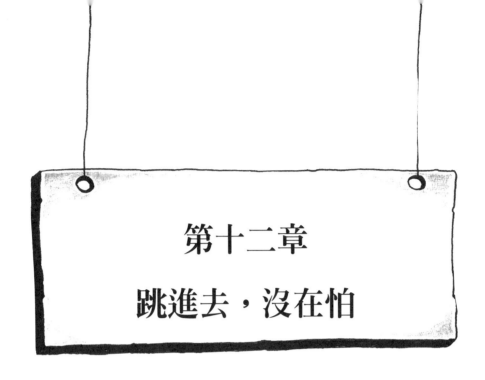

第十二章

跳進去,沒在怕

擔憂要當高高在上的老大,你是低聲下氣的跟屁蟲,一切都得聽它使喚。

擔憂指使你，任何芝麻大小的危險，都要避開，馬上立即避開。

　　它要讓你覺得，每一件事情，都必須確定清楚明白。每一分一秒，都必須徹頭徹尾的安全，絕對不可以有一丁點兒不安的空隙。

　　擔憂會告訴你，安全保護傘行為，譬如：細嚼慢嚥、逃避、清洗、尋求再三確認，或是任何你採用的安全保護傘行為，是唯一可以確保你安全，還有讓你感到安心的方法。

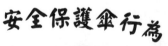

擔憂嚇唬人的把戲

　　然後，**擔憂**會告訴你，你需要更多的安全保護傘行為。更多。更多。

　　那根本就是一大堆廢話、無稽之談。遵從那一大串不斷擴充的安全保護傘行為，就好像是對著**擔憂**小惡魔說：「遵命，偉大的統治者。」這是讓**擔憂**成為老大。唯命是從，就是讓它變得威力更強大，更加神聖不可侵犯。

安全保護傘行為

86

你所能做的最好回應就是，把**擔憂**告訴你的話，反轉過來。

　　不要躲避可怕的事物。做，就對了！

　　不要想遠離不確定性，正面迎向它。

　　不要膽怯，想閃躲一時的不安，擁抱它。

正面迎向**擔憂**要你小心翼翼的事情，那些讓你感到不安或不舒服的事情。這就是所謂的「暴露」。

信不信由你，你老早就已經知道怎麼做「暴露」。事實上，你也一直都有在運用這種法寶。以下，讓我們舉個例子來看看：

擔憂小劇場

讓我們設想，去游泳的情景。你知道，水會很冷。但不管三七二十一，你還是直接跳進水池，冷，但結果也沒怎樣。

你讓自己暴露去面對水，果真沒錯，冷得牙齒打顫，渾身直打哆嗦！

那請問，你有拚了命划水，趕緊衝到岸邊，然後爬出水池嗎？並沒有，你還是留在池子裡，讓自己習慣適應。

你刻意地把自己「暴露」到你感覺不舒服的事物（在這個例子當中，就是冷水），你心裡明白，自己終究會習慣。而且事實上，沒過多久，你真的就習慣了。待在冷水池，過不了幾分鐘，你就不再注意到水有多冷，也不再感到任何的困擾。

同樣地，這種暴露的效果也發生在臭味、噪音，或是造訪陌生的地方等情況。如果你將自己**暴露到**某些不舒適的事物，並且持續待在裡頭不離開，你的大腦，不知不覺會發揮一種神奇的作用，最後就會習慣，不再去注意了。

　　這種現象，一直都在你身上發生。現在，你也可以用來對付**擔憂**。

　　暴露，用來對付**擔憂**的時候，就是大步走向憂慮警告你的任何事情，而不使用安全行為保護傘。這也意味著，不服從你的憂慮。刻意地，去做它告訴你不要做的事情。不使用安全保護傘行為，違抗**擔憂**的指使。故意去做**擔憂**警告你不要去做的事情。

　　你得把主控權拿回來，自己決定進行的步調。

　　就像游泳池的例子一樣。進入泳池，有兩種方式。第一種，快，直接就跳進去。另一種，慢，一步一步，確定自己安心進入。一股作氣，速戰速決；或是，按部就班，循序漸進。兩種都行得通，採取任何一種都可以。

　　對付**擔憂**也一樣。快或慢。兩種都行得通，採取任何一種都可以。

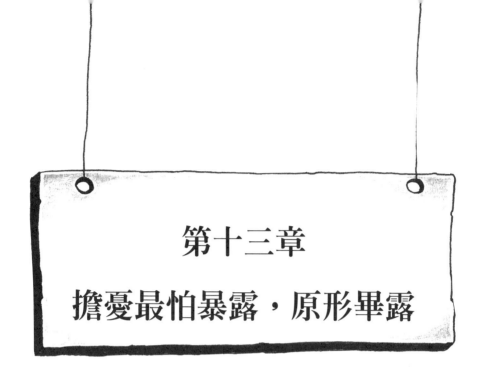

第十三章

擔憂最怕暴露，原形畢露

要讓暴露發揮效用，你需要讓自己暴露去面對正確的目標。

如果你害怕泳池的冷水，那你應該暴露自己去面對的就是泳池的冷水，你如果跳進花園，那是不可能讓你習慣泳池

泳池方向

冷水的。

對於**擔憂**，也是同樣的道理，你需要「跳進」正確的目標。

正確的目標，確實而言，有兩個。

要克服擔憂，你需要讓自己暴露去面對兩個目標：

1. 你一直在逃避的情況；
2. 那情況是如何讓你有不安的感覺。

把你的擔憂，套進卜面這個循環：

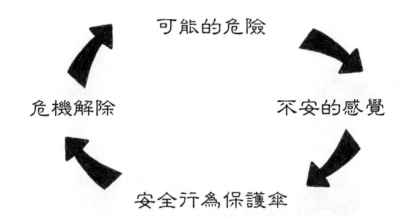

這個循環提供了有效實施暴露所需要的聰明小鑰匙，可以幫助你了解你一直在逃避的情況（可能的危險）、那種情況激起的感覺（不安的感覺），以及你採取哪些措施來避免那種情況（安全行為保護傘）。

舉例而言：

擔憂小劇場

　　假設你對於頭上的三千煩惱絲一直感到很傷腦筋。它們就是不肯好好的讓你可以像樣的出門。而且你的擔憂告訴你，所有人都會注意到，認為一定是因為你太懶散或太隨便。每天早上，你梳頭髮，「喂，你這副模樣，怎麼出門見人啊！」你就會很不安，很生氣，待在鏡子前面，東摸西摸，都想破頭了，還是搞不定。

不像樣的髮型

不安和生氣

危機解除

整理40分鐘；每個角度
反覆看過；如果看起來
不對勁或感覺不好，就
重新再來過

　　暴露的關鍵就是，讓你自己進入你感覺不想面對的情境（不安、緊張、不舒服、不確定等等），在此同時，調整或扔掉安全行為。

第一步，套進這個循環。

第二步，聚焦在你的安全行為。

第三步，考慮有哪些方法可以調整這些安全行為，或是全部扔掉。

在搞不定頭上三千煩惱絲的例子，最後一個步驟可能類似下面的描述：

安全行為：提早40分鐘起床，
　　　　　整理頭髮。

→暴露：縮減整理頭髮的時
　　　間，改成30分鐘，然
　　　後20分鐘，10分鐘，最後5分鐘。

5分鐘

安全行為：從各個角度，檢查你的頭髮。

→暴露：頭固定不動，正面看你的頭髮。最後，改變成
　　　只拿鏡子照，來梳理頭髮。

安全行爲：如果看起來不對勁或感覺不好，就重新再來
過。

↪暴露：只整理一次，不管看起來或感覺如何，就結束
了。

現在，思考如何把暴露法的這些聰明小鑰匙，應用到
你的一種**擔憂**。

1. 找出一種**擔憂**。

2. 套用到這個循環。

3. 列出和這個**擔憂**相連的安全行爲清單。

4. 想辦法怎麼來調整或扔掉前述清單的每一項安全行
爲。

請記住，你可以一次就搞定所有的安全行爲，也可以
一項一項慢慢來解決。

讓自己暴露在你感到不舒服的情境，會引發不適
（恐懼、尷尬、不確定等等）。這是好事，嗯，好吧，可
能不太好，但很有用，因爲那些不適的感覺就是一種假警
報，而你以往慣用的安全行爲並沒有眞正保護你。

使用暴露時，你可以盡情發揮創意。暴露不一定等於
就得折磨、痛苦，而是也可以很開心。舉幾個例子來看看

好了：

★瘋狂頭髮日（如果
讓你感到焦慮的是
你頭上的三千煩惱
絲）；

★野生動物園蜜蜂拍
照之旅（如果你害
怕的是蜜蜂）；

★抓兔子（如果你
擔憂的是生病、嘔
吐）；

★野味大餐（如果你
擔心的是吃東西噎
到、窒息）。

　　即使加入創意，實施暴露也需要投入相當的心力。所
以值得嘉獎鼓勵。每當你完成一次暴露，請告訴自己：
「*做得好！*」你也可以訂定獎勵集點辦法。請你的爸媽和
你一起來構思，獎勵可以包括：獎品、特許活動，或特殊
的權利，這些會比商店買來的東西更有意思。每當你完成
一次暴露，就可獲得一個點數或勾勾，蒐集若干點數，就
可換取特定的獎項。

透過大量的暴露，讓**擔憂**搞清楚，它不是老大。大膽放手去做，不要怯生生、縮手縮腳。爽快、勇敢、創意，還要持之以恆，堅持不懈。

反覆一再暴露，**擔憂**就會越縮越小，再也沒辦法囂張惡搞，再也嚇唬不了你囉！

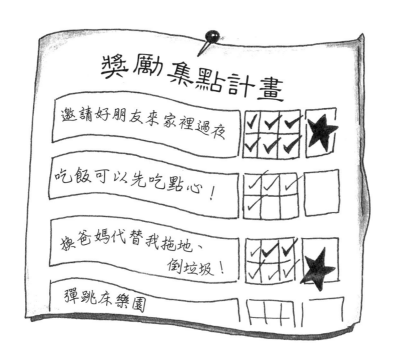

第十四章

裝模作樣的擔憂小惡魔

當我們閱讀有關其他人的**擔憂**時，通常很明顯就可以看出，那些人需要暴露自己去面對哪些事物，還有他們需要讓自己習慣什麼情境。但是，當我們想要弄清楚自己的狀

況，就沒有那麼簡單明瞭了。

你有想過，為什麼會這樣呢？

首先，**擔憂**的時候，我們整個人都陷在裡頭，當局者迷，自然很難看清楚究竟是怎麼了。

再來還有一點，**擔憂**是偽裝大師。

當然，有些**擔憂**比較容易辨識。比方說，可能聽起來像下列的例子：

萬一沒有人要和我說話，那會怎麼樣？

萬一我打開車門，狗狗洛可掉出去，那會很慘吧？

萬一我把作業放錯地方，那該如何是好？

萬一我生病，錯過我朋友的派對，那我不就完了？

重複不斷的疑神疑鬼，害怕可能被人嘲笑，或指指點點，擔心個人的安危，或是操心你在意的人不知道會不會出意外，這些都是相當明顯的**擔憂**。再者，**擔憂**也

可能是日常生活的某些情境，別人提醒你或你自己覺得需要重複檢查（兩次、三次、四次……）的事物。

但是，並不總是那麼容易辨識。有時候，有些**擔憂**還真的不太像**擔憂**。比方說：「我不想去打棒球。」

你能在這句話中找出憂慮嗎？

雖然，這聽起來可能像是，有個女孩子不喜歡棒球，但其實是她害怕自己可能會搞砸。你怎麼知道？嗯，這需要小心去聽，去猜測隱藏的訊息，也就是沒有說出來的內心話。比方說，如果這孩子平常就喜歡玩棒球，而且只要去玩棒球，通常都很開心，那她現在說「我不想去打棒球，」這隱藏在話裡，沒說出的真正意思可能是，「我不想去打棒球……因為隊上的其他球員，都很厲害，萬一我被三振，那大家會不會很生氣，認為我是拖垮全隊的魯蛇？」

啊，那就是**擔憂**！

但是，還有更麻煩的部分：

擔憂並不總是感覺像是擔憂。

有時候，**擔憂**可能感覺像是無聊：

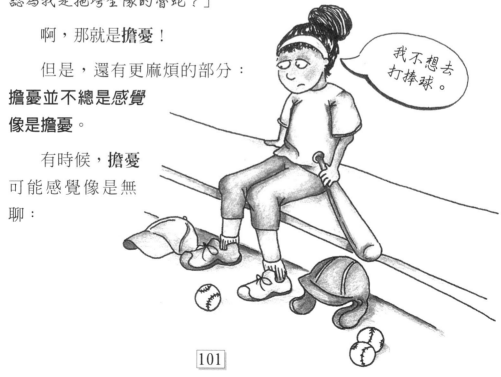

101

我不想走路去鎮上，那兒沒有什麼事情可做。
（再說，我可能會迷路。）

或是，感覺像個人的偏好：

我不喜歡葡萄。
（再說，去年，我朋友吃了葡萄，就生病了。）

或是，感覺像生氣：

我不想去上芭蕾舞課！（再說，萬一下課了，
你沒有來接我，那我該怎麼辦？）

所以，你需要小心察覺字裡行間的隱藏意義，以及表面感覺底下的內在感受。比方說，你心底不時一再重複浮現的問題，或是你老是想要避開的事物，追根究柢，有很高的機率，就會揪出那原來是你的**擔憂**在背後搞鬼。

不論是顯而易見的**擔憂**，或是聽起來或感覺起來不太像**擔憂**的**擔憂**，同樣都需要妥善因應處理。怎麼處理呢？就像算數一樣，還記得嗎？不管是哪些數字，都是用相同的步驟來處理。

不論**擔憂**明顯與否，一概都套進下列的循環：

狀況 ⇨ 不安的感覺 ⇨ 安全行為 [包括逃避行為] ⇨ 危機解除

　　在上面所舉的三個例子當中，安全行為可能包括：不單獨走路進城；避免吃葡萄；待在家裡，不去上芭蕾舞課。目標，你應該還記得，就是去練習和嘗試**擔憂**一直警告你不要做的事情。

　　在這方面，你的父母可以幫忙，他們非常了解你，就算**擔憂**偽裝或是冒充其他的東西，你的父母還是能夠幫你把披著偽裝、喬裝易容的**擔憂**小惡魔揪出來。

　　你可能會牽怒你父母，你可能會想說：「我很好，我沒有擔心。」

　　你要抵抗這樣的衝動，常言道，知子莫若父，知女莫若母。他們純粹是真心想要幫你。

　　不要排斥父母的關心。如果當真不是**擔憂**小惡魔在背後搞鬼作怪，那它們要你做的事情應該不難做到。如果反之，不是很容易做到，那很有可能就真的是**擔憂**小惡魔在背後搞鬼作怪。

103

而且，記住了，兩個人連手對抗一個敵人，總比自己一個人單打獨鬥來得有勝算。

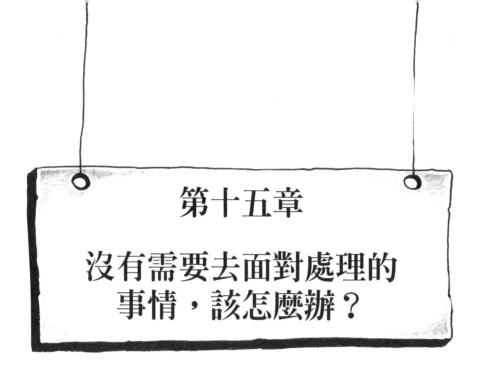

第十五章

沒有需要去面對處理的事情，該怎麼辦？

你知道，要真正擺脫**擔憂**，你需要採取實際行動，勇敢走向陌生和可怕的處境，正面挑戰**擔憂**。

不用安全行為保護傘！

但是，如果**擔憂**似乎沒有涉及行為，你該怎麼辦？那豈不是沒有任何事情需要去做，或是不要做？

很多時候，**擔憂**可能只涉及讓人困擾不安的念頭，這些念頭讓你感覺很糟糕。沒有什麼事情要做，或是不要做。只是你的整個腦袋，充滿揮之不去的可怕想法。

這種**擔憂**擾人清靜的想法，就叫做侵入念頭，就像是不請自來，闖進你家的侵入者。

就是這樣的**擔憂**，沒錯。它們會侵門踏戶，闖進你的腦袋。

侵入念頭會讓你鑽牛角尖，一直去想你不希望想的事情，讓你感覺恐懼的事情。不是心裡有些煩悶，像普通的**擔憂**而已，而是比那個還要更糟糕很多。侵入念頭很可怕的地方，就是會讓你覺得自己是壞人。而且這樣的想法一直在你的腦袋轉啊轉，甩也甩不掉，就好像真的有那麼一回事，不然你怎麼會一直想個不停？

侵入念頭非常、非常不舒服，而不舒服的感覺就讓人覺得好像有危險，這樣，**擔憂**小惡魔就發動了那個慣用的惡性循環：

危險！⇨杏仁核拉警報⇨恐懼
⇨安全行為 危機解除

在這兒，危險就是侵入念頭。杏仁核照樣會拉警報，害怕會很明顯，就算可能有些不太像是**擔憂**，仍然會讓人想要啓動安全行爲保護傘，那是專門設計來幫助你感覺比較好過些。

涉及侵入念頭的**擔憂**惡性循環，通常會使出的安全保護傘行爲，就是想辦法讓自己避免或是抵銷那些念頭。

人們遇到侵入念頭時，往往會試圖說服自己，那些念頭不是眞的。他們會尋求別人再確認那些念頭不是眞的，並且儘量不去想那些念頭。但是，這樣並不會產生你想要的效果。

請記住：你越是對抗，越想把念頭拉開，它就會黏得越牢固。

當你的腦袋冒出侵入念頭，你可以使用先前在第八章、第九章學到的聰明小鑰匙。承認、觀察、接受你腦子裡的侵入念頭。這也是一種暴露療法。

另外，你也可以自己主動把侵入念頭拉進你的腦袋，這是你自己刻意要來的，而不是等它們自己找上門來，並且你也不用安全行爲來抵銷那些念頭。

因此，即使看起來或感覺起來，似乎沒有什麼事情需要你去面對處理，事實上，還是有事情有待你去處置。

　　比方說，假設你擔心、害怕自己會說謊。你會一直想，一直想。你知道說謊不好，你不想要成為說謊的人。但是你左想右想，幾乎時時刻刻，都會想著你可能會說謊，哪怕只是說個無傷大雅的小謊言，只不過你卻渾然未覺。

　　於是，在不知不覺當中，你發展出一籮筐的安全保護傘行為，像是每次開口說話就會先說，「我不確定，……」，這樣一來，如果你說的話有任何不對，至少你不是自己說謊，因為你一開始就說了，你不確定。

　　如果你一直擔心自己可能說謊，你會發現自己經常說話帶有口頭禪：「我不知道……」、「我不確定……」，這就是源自於莫名其妙湧現的不確定感，進而啟動的一種安全保護傘行為。比方說，如果有人問你，最喜歡哪種口味的冰淇淋，你可能會在心裡想，薄荷巧克力脆片。然後，你又記起來，有一次吃過鹽味焦糖冰淇淋，也很喜歡。還有，香草口味也不錯。突然之間，你就不能確定了，不知道到底自己最喜歡的是什麼口味。隨便講一種，感覺好像

我有確定嗎？

你確定嗎？

是說謊，所以你就說：「我不確定」，或是，「我不知道。」但是，這樣的問題，在過去，根本不會有什麼煩惱，你完全不用多想，就可以直接回答。

再舉個例子，你母親對你說：「**我愛你，**」然後，你也想對她說：「**我也愛你。**」但是，突然之間，不知何故，你卻不確定，是不是應該這樣說。愛到底是什麼意思，好像不太懂欸。你愛她嗎？真的愛？有一次，記不記得，你不是對她大發脾氣，大吼大叫：「我討厭你！」或許，你不愛她。你不愛你母親嗎？於是，你站在那兒，飽受不確定感的折磨。

暴露因應法，在這種情況下，就是直接回答問題，而不在心裡跟自己說：「我覺得」，或是「我不確定」，就直截了當給出答案，你憑直覺想到的最好答案，不完全確定也沒關係。回嗆你的**擔憂**：「你不是我老大」，還有，「我自己想的已經夠好了。」

你也可以，把腦子裡的念頭，寫下來（你會滿意外，要寫下來，還真的相當困難）。然後，試著大聲把它說出來。

你還可以，試著把那個念頭改編成一段韻文或嘻哈歌詞。

畫個對話泡泡，塗上顏色，把那個念頭團團包住。

主動把侵入念頭拉進你的意識，不要試著想要打消它，那些念頭最後會自討無趣。呵嘿，這樣你就成功達陣了。

你會逐漸習慣那個念頭，還有它不懷好意想要嚇唬你的不安感覺。

很快，侵入念頭就不再讓你感覺那麼嚇人或恐怖了。

真的，那就只是個念頭，不一定是真的。而且，可以肯定的是，對你也沒有什麼好處，再說，一點兒也不有趣。再見囉，用不著再去想它了！

第十六章

更高招的暴露，擔憂小惡魔見光死翹翹

擔憂會讓暴露顯得好像不可能辦到。

就好像你沒有辦法勝任，那風險很高，而且很難受得了。

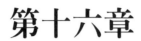

擔憂嚇唬人的把戲

最好，你不會再那麼輕易就掉進擔憂設下的陷阱。但是，還是有可能出狀況：

你怎麼會那麼愚蠢或天真，居然會想要讓自己暴露去面對，那些

噓，那是胡思亂想3號

低估你自己的能力

真的很可怕的事情？像是在所有人面前丢脸，或是你爸媽發生某些很恐怖的意外？

請牢牢記住，*所有的*、*所有的***擔憂**，都是關於某些好像很可怕的事情。

這一點很重要。

你需要讓自己暴露去**面對**的，並不是真正不好的事情，而只是*有可能*不好的事情，還有那些讓你感覺的緊張不安。

現在，讓我們來回想一下吃雞肉的例子。讓你害怕的是吃東西噎到。在這種情況下，你並不需要真的讓自己去噎到。那樣做就真的蠢爆了！你必須做的是讓自己暴露到吃東西可能噎到的狀況。不是真的噎到，只是在那些狀況有可能噎到。你必須面對那種可能噎到的狀況，拋開安全行為保護傘，照正常方式來吃東西。

就是這樣，你就完成一次暴露的程序了。你不需要真的讓不好的事情發生。你只是拋開安全保護傘行為，不去做你過去習慣用來避免不好的事情發生的那些行為。

如果你老是緊緊跟著你

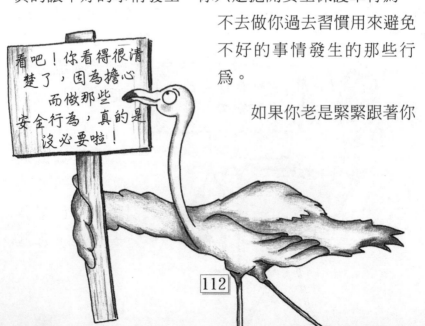

看吧！你看得很清楚了，因為擔心而做那些安全行為，真的是沒必要啦！

112

爸媽，唯恐他們可能發生某些不好的事情，你不用眞的安排他們發生大災難，或是摔落斷崖！你需要做的是，練習不要緊緊跟著你爸媽，和他們分開，不使用安全保護傘行爲。

再舉個例子，如果和不熟的人講話，會讓你緊張兮兮，你認爲別人會對你留下不好的印象，或是生氣，或是嘲笑你。如果是這樣的話，你不需要眞的讓自己在別人面前丟臉，或是眞的讓對方怒氣沖沖。你只需要停止你一直都在做的事情，那些你習慣用來避免這些狀況發生的事情。

接下來，你就可以套進前面學過的那個循環，找出你的安全行爲，然後開始進行暴露程序，就像後面描述的方式：

★ 面對你不太熟悉的同學，
  微笑；

★ 午餐的時候，大聲說話，
  聲量要夠大，讓餐廳的每
  個人都可以聽到；

★ 和家人或朋友上餐館時，
  自己點餐；

★ 在商店，找店員，請他或
  她幫忙你找某種商品；

★ 打電話給親戚，聊天。

安全行爲保護傘
1. 頭垂下。
2. 說話聲音很小聲。
3. 不敢正眼看任何人。
4. 不敢舉手發言。
5. 總是等其他人先開口說話。
6. 由父母出面。

擔心不好的事情有可能會發生，而產生莫名的焦慮感，這就是導致不必要安全行為和造成困擾的真正根源。

所以，在進行暴露的時候，需要把注意焦點，放在引發恐懼的那些情況。有意地，讓自己置身於那些情況，並且不去採取**安全行為**。

練習實施次數越多，效果就會越好。

你可以針對每一個安全行為，設計多種的暴露做法，這樣就可以使用多種方式來進行練習。

建立好一系列的暴露做法之後，你可以依照難易程度來排列順序，或是分成簡單、中等、困難三大類。

然後，就可以開始了。刻意的引發你的恐懼；調整或扔掉你習慣用來保護自己的安全行為。

你已經展翅高飛，迎向挑戰。真的，你一定可以辦到的！

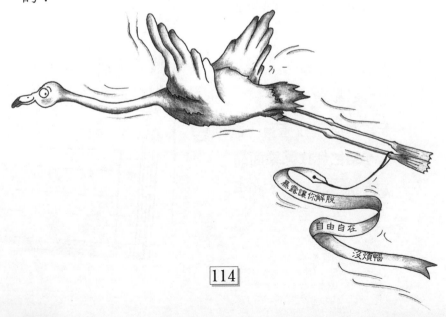

第十七章

可是我還是會害怕！

「**那**很難！」你可能會說，「我還是會害怕。」如果是
這樣，那其實是好事！

在實施暴露期間，感覺害怕，那就代表你做對了。

這也代表事情是有些困難。

感覺上，好像你如果不做安全保護傘行為（逃跑、躲
避、尋求再確認，諸如此類的行為），你的恐懼就不會消
退，你就永遠不會好起來。

當然，事實並不是這樣。但
是，**擔憂**小惡魔會耍伎倆，誘騙你
相信事情就是會那麼慘。**擔憂**會拉
警報，讓你感覺害怕，促使你去做

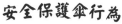

安全保護傘行為

安全保護傘行為，把你推入惡性循環，一直想著，你必須去做安全行為，這樣子你的恐懼和不安才會終止。

你的**安全保護傘**行為做得越多次，你就會越相信那些行為是必要的，**擔憂**就會把你招得更緊。而這也正是你需要把安全行為拋開的原因。而且，如果沒有引發恐懼的感覺，就不可能引發那些行為，也就不可能有機會把它們拋開。

*面對恐懼，不使用***安全保護傘行為**，唯有這樣才有可能讓恐懼退縮。

面對恐懼，確實讓你自己感受到恐懼，這就是重點所在。這也是戰勝**擔憂**最威猛有力的法寶。適當運用這把聰明小鑰匙，可以讓你自由自在，不再陷入莫須有的恐懼。

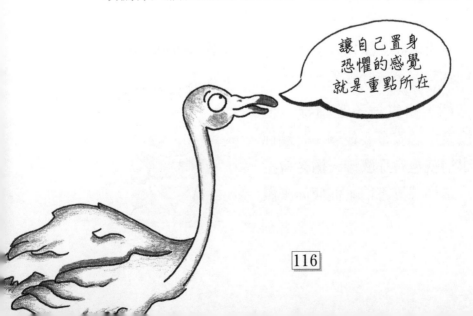

這也正是為什麼，當你在做**暴露法**的時候，不是要感覺不害怕。相反地，是要先讓自己感覺害怕，然後，不管三七二十一，仍然去進行暴露的程序。那是唯一可以改編你大腦反應程式的出路，把不正確的**辨識危險的學習**

擔憂嚇唬人的把戲

讓自己置身恐懼的感覺就是重點所在

撤銷，重新更換成正確的思考。
如果沒有先讓自己置身恐懼的感
覺，就不可能達成這樣的結果。

　　當你在進行暴露的程序時，
不要企圖把你的恐懼徹底消除。
如果需要，你可以一步一步慢慢來（前面的例子，循序
漸進，踏入游泳池），這樣，恐懼的程度就比較容易管
控。

　　如果你在面對你的感覺方面，有需要幫忙，你可以
試著慢呼吸。慢慢的呼吸，可以讓你的杏仁核安靜下來
（還記得吧！杏仁核就是大腦當中會驚聲尖叫「危險」
的警報器）。你的恐懼不會完全消失，那也不是重點所
在，但是緩和的呼吸可以幫助你，維持足夠時間的暴
露，**以便它發揮效用。**

　　最放鬆的呼吸方式，是用鼻子吸氣，用嘴巴呼氣。
記得，呼吸要慢慢來，每一次呼吸都要夠深、夠長。把注
意力集中在呼吸的過程。鼻子吸氣，嘴巴呼氣，吸氣，呼
氣……。

　　你可以在腦海中，想像阿拉伯數字「8」，或是寫在
紙上。

　　從數字「8」的中間點出發，順著箭頭的方向，在數
字「8」的上半部，一邊描，一邊用鼻子，慢慢地，把空
氣吸進來。當你回到中間點，開始換成用嘴巴，在數字
「8」的下半部，慢慢地，描寫，同時把空氣呼出去。就

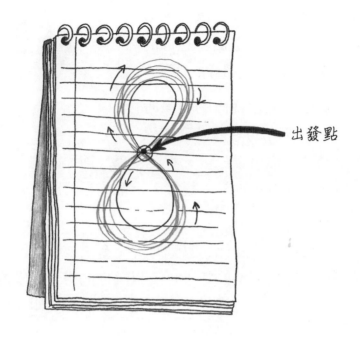

出發點

這樣，很簡單，一次數字「8」，吸氣……呼氣……。再重複一次，吸氣……呼氣……。依此類推。

你可以計算呼吸的次數，或是在心裡默念一個字詞，比方說：「慢慢來」，或是「我沒事。」

如果，你覺得胸口有點緊繃，或感覺悶悶的，不太能自然呼吸，記得，那是戰鬥或逃跑反應可能發生的現象，不用太緊張而急著想要更用力深呼吸。記住，最重要的就是不要急，慢慢地吸氣，吐氣……慢慢地吸氣，吐

氣……。

在你進行緩和呼吸的同時，當自己的教練，耳提面命：「一步一步……走進游泳池」，或是「假的……警報」，或是「我比我的恐懼還要更強大。」

但是，記住喔！平靜下來，並不是真正的重點，真正的重點是要面對你的恐懼，即使感到害怕，仍然不逃開。堅持讓自己暴露去面對它，這樣才有機會讓自己習慣。

當你面對你的恐懼，持續**暴露**，**暴露**，**暴露**，你的安全系統將會開始執行它的功能。你會發現你是安全的，你的恐懼是假警報。然後，你的恐懼小惡魔就會消風，越縮越小，越來越容易對付。最後，夾著尾巴，徹底消失。

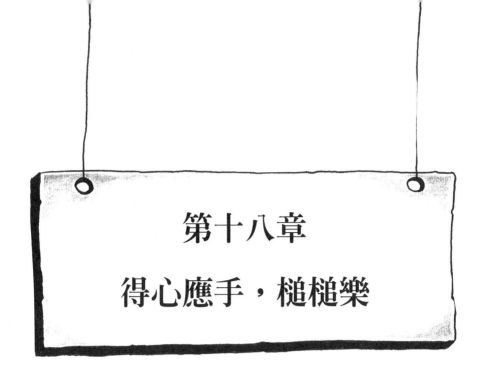

第十八章
得心應手，槌槌樂

在電動遊戲場，有一種「打地鼠」或「槌槌樂」的遊戲，你有玩過嗎？地鼠會隨機從某個洞口冒出來，你必須馬上用槌子把牠槌下去。然後，又有地鼠從另一個洞口冒出來。就這樣，每一次有任何地鼠冒出頭，你就用力把牠槌打回洞裡。槌、槌、槌，到最後，所有地鼠都打光了，你就贏了。

擔憂就像是這樣，頑強的小惡魔。牠們會一次又一次地彈跳出來。但現在，你已經握有工具，可以把它們打掉。每當一個**擔憂**冒出頭來，你就可以拿出你學會的聰明小鑰匙，把它擊退。另一個**擔憂**冒出來，再把它擊退。

以智取勝，用聰明小鑰匙擊退**擔憂**小惡魔，這並不是說，學習這些方式，使用一次，用完就扔開了。而是要學

會這些方式，用過之後，持續練習，準備好未來可以再派上用場。任何時候，只要**擔憂**小惡魔再度彈跳出來，只要有需要，就可以拿出來反覆使用。

不論是什麼樣的**擔憂**，也不管是舊的**擔憂**，還是新的**擔憂**，只要是**擔憂**，都可以把它套進你學會的以智取勝模式，就像不論是什麼數字，都可以套進已經學會的計算程式一樣。如果有需要的話，你也可以把本書拿出來複習。你也可以請你身邊的成年人幫忙，你的媽媽、爸爸、老師，大哥哥、大姊姊等等。如果，**擔憂**的狀況很嚴重，那麼可能需要找專業治療師。

以下，總結你在本書所學到的以智取勝、戰勝**擔憂**的法寶：

★根據你的所知，來辨識讓人虛驚一場的假警報；

★找出各種不當的胡思亂想，加以糾正；

★和擔憂對話，而不陷入爭辯；

★不確定是人之常情，不需要特別擔心；

★預期擔憂的到來，和它打招呼；

★面對擔憂的三部曲：承認、觀察、接受；

★確認安全保護傘行為；

★使用暴露程序，扔掉安全保護傘行為；

★緩和呼吸術；

★槌槌樂：擔憂小惡魔，見一個，打一個。

恭喜你，學會這些聰明小鑰匙，一開沒煩惱。你可以給自己比個大大的「讚！」。你已經是專家，擁有特殊的知識和技能，可以有效面對處理你的恐懼。

可喜可賀，狂灑彩帶，你已經成為以智取勝、實至名歸的擔憂剋星！

以智
取勝
擔憂小惡魔

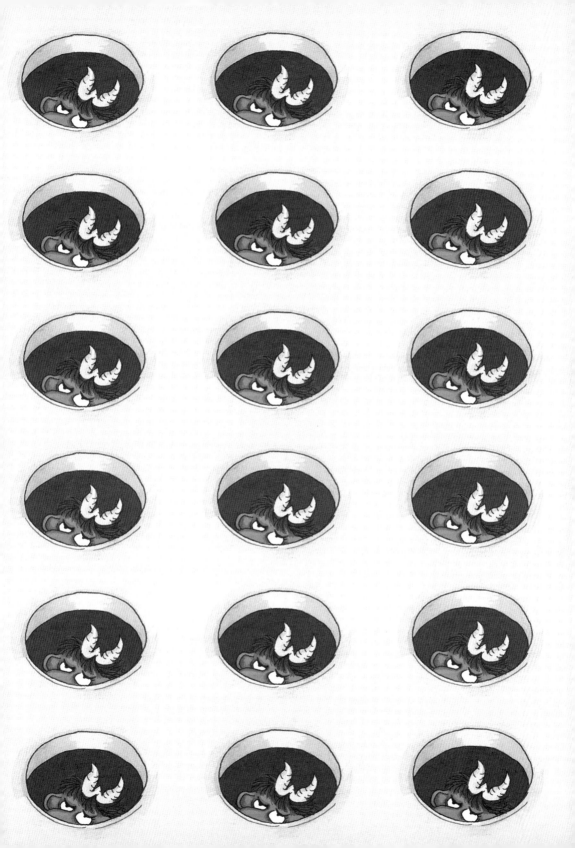

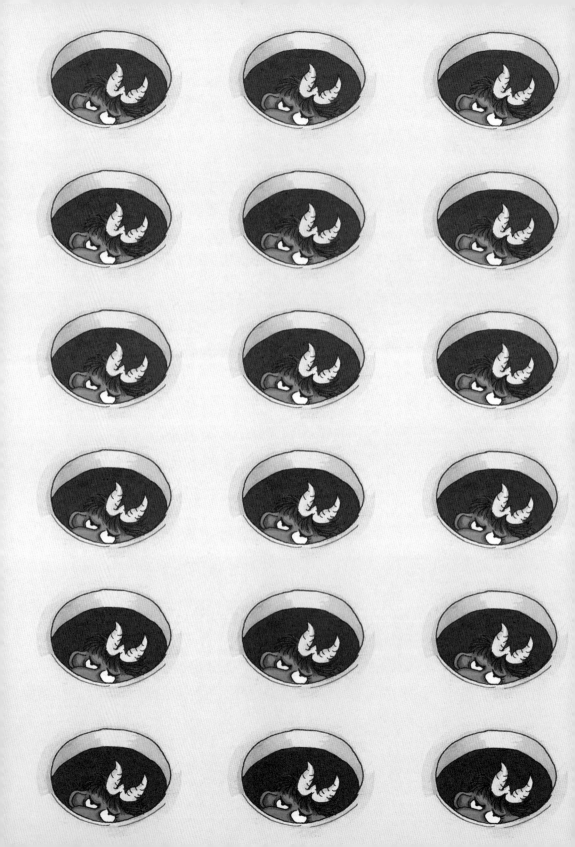

國家圖書館出版品預行編目資料

戰勝煩惱：大小朋友克服焦慮的聰明寶典／
Dawn Huebner著；Kara McHale圖；李政賢
譯.--二版.--臺北市：書泉出版社,2023.10
面；　公分
譯自：Outsmarting worry:an older kid's
　　　guide to managing anxiety
ISBN 978-986-451-337-6 (平裝)

1.CST: 兒童心理學　2.CST: 焦慮症
3.CST: 通俗作品

173.12　　　　　　　　　112012133

3IDK

戰勝煩惱
大小朋友克服焦慮的聰明寶典

作　　　者 ― Dawn Huebner PhD

繪　　　者 ― Kara McHale

譯　　　者 ― 李政賢

發 行 人 ― 楊榮川

總 經 理 ― 楊士清

總 編 輯 ― 楊秀麗

副總編輯 ― 黃文瓊

責任編輯 ― 李敏華

封面設計 ― 陳亭瑋

出 版 者 ― 書泉出版社

地　　　址：106臺北市大安區和平東路二段339號4樓

電　　　話：(02)2705-5066　　傳　　　真：(02)2706-6100

網　　　址：https://www.wunan.com.tw

劃撥帳號：01303853

戶　　　名：書泉出版社

總 經 銷：貿騰發賣股份有限公司

電　　　話：886-2-8227-5988　　傳　　　真：886-2-8227-5989

網　　　址：http://www.namode.com

法律顧問　林勝安律師

出版日期　2019年 3 月初版一刷
　　　　　2023年10月二版一刷

定　　　價　新臺幣250元

經典永恆・名著常在

五十週年的獻禮 —— 經典名著文庫

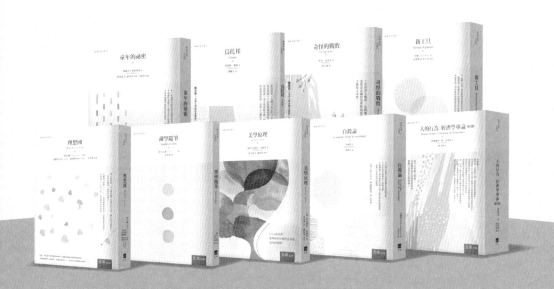

五南,五十年了,半個世紀,人生旅程的一大半,走過來了。
思索著,邁向百年的未來歷程,能為知識界、文化學術界作些什麼?
在速食文化的生態下,有什麼值得讓人雋永品味的?

歷代經典・當今名著,經過時間的洗禮,千錘百鍊,流傳至今,光芒耀人;
不僅使我們能領悟前人的智慧,同時也增深加廣我們思考的深度與視野。
我們決心投入巨資,有計畫的系統梳選,成立「經典名著文庫」,
希望收入古今中外思想性的、充滿睿智與獨見的經典、名著。
這是一項理想性的、永續性的巨大出版工程。
不在意讀者的眾寡,只考慮它的學術價值,力求完整展現先哲思想的軌跡;
為知識界開啟一片智慧之窗,營造一座百花綻放的世界文明公園,
任君遨遊、取菁吸蜜、嘉惠學子!